LES GRANDS CRIMINELS
N° 09

Les grands criminels 09

À mes parents pour leur soutien inconditionnel, leur aide précieuse tout au long de ma vie

À mes enfants, qui sont la plus belle réussite, qu'un homme puisse souhaiter, pour ce qu'ils sont, mais aussi pour ce qu'ils deviendront…

Merci à Jean-Louis Vincent, pour son aide précieuse à la relecture de mes écrits.
Sa générosité et le temps qu'il me consacre apportent une plus-value à mes histoires…

Les grands criminels 09

« Celui qui excelle à contrôler les autres
a du pouvoir,
mais celui qui parvient à se contrôler,
a encore plus de pouvoirs »

Lao Tseu

Les grands criminels 09

PREFACE

Un nouveau volume sur la criminologie qui démontre une fois de plus que l'être humain n'est jamais à court d'idée lorsqu'il s'agit de détruire ou de nuire à son prochain. Est-ce la nature humaine ? difficile à dire car cela reviendrait à dire que celui qui ne tue pas n'est pas humain, c'est un peu l'antonyme du but recherché.

Comme à chaque nouvel opus, je m'efforce de vous présenter des affaires les plus variées possible sur des périodes différentes, j'ai aussi ajouté des affaires non-résolues ou résolues que partiellement. Des affaires de meurtres, naturellement, mais pas seulement. Aussi des affaires scandaleuses qui ont détruits certains de ses accusés, pourtant innocent, broyé par la machine judiciaire, parfois implacable même lorsqu'on est innocent. Comme ce grand-père, maire d'une commune, Christian Iacono accusé de viol par son petit-fils.

Des affaires célèbres et emblématiques non résolues et qui ne le seront sans doute jamais avec la disparition du journaliste et animateur de « la chasse au trésor », Philippe De Dieuleveult. D'autres qui ont demandé quant à elles de nombreuses années comme Dino Scala, le violeur de la Sambre.

Une part est réservée au grand banditisme comme il est coutume de l'appeler avec Antonio Ferrara, aux monstres tels que Thierry El Borgi Philippe Siauve Franck Feuerstein & Thierry Jaouen. D'autres crimes parfaitement incompréhensibles que l'on ne peut pas appeler infanticide, car la définition juridique est totalement différente, mais qui ont tout de même assassiné leurs enfants. Je pense à Anita Varnerot.

Le cinéphile que je suis s'est intéressé aussi à l'affaire Gérald Thomassin, ce jeune acteur qui n'a plus donné signe de vie, embarqué dans une sombre affaire de meurtre dans un bureau de poste. Connu pour avoir remporté le César du meilleur jeune espoir masculin pour son interprétation dans « le petit criminel » a mystérieusement disparu alors qu'il était sur le point d'être totalement disculpé des charges qui pesaient sur lui. Le mystère pour le meurtre quant à lui reste entier malgré le travail des enquêteurs.

Une partie historique avec Ruth Ellis, la dernière femme exécutée en Angleterre pour avoir assassiné son amant. On pense, à tort ou à raison, que la peine de mort en Europe est loin derrière nous, c'est faux, alors qu'elle a été abolie en 1981 en France, le Royaume Uni quant à lui ne l'a supprimé que dans les années 1960. Le fait de savoir si cette peine a été remplacée par une autre aussi efficace est un autre débat entre les partisans et les abolitionnistes.

Pour finir l'année 2023, un nouveau livre, différent des séries a vu le jour « Criminologie débats et réflexions », adieu donc les annexes qui figuraient jusqu'à présent à la fin de chaque volume « les grands criminels », « crimes aux USA » ou « crimes et cinéma ». Toutes ces pistes de réflexions ont été ajoutées et enrichies dans ce nouvel ouvrage. Il permet au lecteur de mieux comprendre les affaires criminelles qui sont traitées par des explications sur nos modes de vie et notre système judiciaire. Comme à l'accoutumé ce livre n'est pas là pour vous convaincre d'une idée en particulier, mais surtout vous apporter des éclaircissements. Il est vraisemblable que vous garderez votre avis et vos convictions même après sa lecture. Toutefois, il vous apportera, je l'espère les éléments qui vous permettront d'avoir une présentation plus complète des institutions judiciaires ou des idées reçues qui parfois avaient besoin d'être clarifiées. Si j'en crois les commentaires sur la page Facebook ou les messages envoyés, vous êtes friands d'explications afin de vous permettre d'aller plus loin dans la compréhension du crime ou de la sanction prononcée.

Ce dernier volume, désormais vous appartient, j'espère qu'il saura vous passionner autant que moi, vos commentaires et l'achat de chaque livre est une récompense du travail effectué où Jean-Louis Vincent en assure toujours la relecture avant publication, ses remarques et ajouts sont une richesse pour les récits et je n'arrêterai jamais de le remercier pour ce travail…

1951 – Pauline DUBUISSON

C'est le 11 mars 1927 que nait Pauline Dubuisson à Malo-les-Bains, une commune disparue du Nord, qui fusionne avec Dunkerque, en 1970, et devient l'un de ses quartiers, appelé le « Malo ». Son père décide dès son plus jeune âge de ne pas lui faire fréquenter l'école. C'est donc au sein d'une famille rigoriste et protestante qu'elle apprend, avec les livres de son père, les différentes matières enseignées sur les bancs de l'école. Elle naît après quatre frères. Elevée à la dure par un père colonel de réserve de la Première Guerre mondiale et patron d'une entreprise de travaux publics qui lui serine sans cesse que « la vie est un combat, seuls les forts s'en tirent », Pauline se révèle vite être une élève douée mais d'un caractère déjà bien trempé.

11

Le père de Pauline se montrait plus exigeant avec elle qu'avec ses frères, il voulait que la jeune fille se révèle plus forte et plus intelligente qu'eux. Il lui répétait souvent de ne pas s'attacher à une autre personne, que l'attachement était une forme de prison. Il faut apprendre à cacher ses sentiments pour pouvoir se protéger des attaques extérieures. L'adolescence de la jeune fille est très dure, une mère quasi-absente réfugiée dans la religion, et la seconde guerre mondiale qui va rythmer son quotidien.

En quelques semaines, les soldats allemands ont repoussé les alliés jusqu'à Dunkerque qui s'habille d'un déluge de feu. Les soldats anglais, belges et français, sont transportés par la mer vers l'Angleterre. Au mois de juin 1940, Dunkerque tombe aux mains de l'armée allemande. Sous les décombres ce sont plus de 11 000 corps qui seront déblayés. Alors que le reste des soldats est capturé, la plupart de la population est évacuée.

Du haut de ses 13 ans, Pauline éprouve de la compassion pour les blessés, contrairement à ce que son père lui a enseigné. Elle devient alors apprenti-infirmière au service de la Croix-Rouge, pour venir en aide aux victimes de ce conflit qui ne fait que commencer. C'est à cette période qu'elle réfléchit sérieusement à devenir médecin, une envie qui ne la quittera plus. Son père, rappelé pour défendre son pays, en revient vaincu et humilié. Deux des frères de Pauline ne sont jamais revenus.

François est mort coulé dans son sous-marin, alors que Vincent a été abattu en plein vol dans son avion de chasse.

Le collège a fermé, ne pouvant pas exercer ses missions d'éducation après les bombardements, Pauline en profite également pour aider son père à relancer son entreprise de travaux publics, bien forcé de travailler pour les occupants allemands. Pauline est une aide précieuse pour son père qui ne parle pas la langue germanique alors que sa fille la connaît parfaitement. De secrétaire, elle devient aussi sa fidèle assistante et son émissaire pour les rencontres importantes. Parfois elle se rend seule à la Kommandantur où elle se laisse agréablement séduire. Les habitants commencent à jazzer dans le dos de la jeune fille. Certaines remarques viennent aux oreilles du père qui prend surtout cela pour de la jalousie.

Comme dans toutes les guerres, entre les combats et les bombardements la vie continue, difficilement souvent. Affamé et désespéré, le peuple attend des jours meilleurs. Dans l'ombre, certains résistants préparent la contre-offensive aidée par les alliés anglais et américains. De son côté, Pauline choisit de s'amuser et n'hésite pas à sortir avec des soldats allemands au grand dam de cette population qui l'a déjà jugée. Elle se rapproche d'un certain Hantz, un soldat allemand, aide de camp du major, qui joue pour elle l'acteur américain, se laissant filmer pour montrer ensuite les images à

13

ses camarades. Un jour, elle le rejoint à la villa des « Tamaris » réquisitionnée par les allemands. Elle se donne allégrement au jeune soldat, dans une totale indifférence.

Hantz ne sera pas le seul amant de la jeune fille qui croyait beaucoup au rapprochement des deux peuples. Inutile de dire que cette idée n'était pas générale à Dunkerque. En juin 1944, alors que la ville se libère petit à petit de l'occupant, c'est un champ de ruines et de désolation qui apparaît. La famille Dubuisson reste tout de même dans un quartier de la ville où certains Allemands se maintiennent encore dans ces conditions difficiles. Pauline obtient son baccalauréat, elle est âgée de 17 ans. Hitler veut faire de Dunkerque le dernier rempart qui résiste alors que les forces alliées débarquent en Normandie le 6 juin 1944.

Dans le même temps, Pauline Dubuisson réussit à se faire embaucher comme aide-infirmière au centre hospitalier de Rosendaël, à Dunkerque. Pauline n'a pas l'impression de se battre plus pour un camp que pour un autre, elle aide à soigner tous les blessés quelle que soit leur nationalité. Pour elle, c'est surtout un combat contre la mort. Elle travaille sous les ordres du médecin-chef, le colonel von Dominik, homme de 54 ans. Ils se rapprochent mutuellement et Pauline devient la maîtresse de cet homme qu'elle admire pour sauver des vies toute la journée, sans s'occuper lui non plus de la nationalité de ceux qu'il opère. Comme son aide-infirmière, il considère que ce sont des blessés plus que des soldats. L'homme veut se marier après la guerre.

Dunkerque est l'une des dernières villes à être libérée par les soldats canadiens et tchèques le 9 mai 1945. Il ne reste plus que 700 habitants sur les 100 000 qu'elle comptait avant-guerre. La famille Dubuisson est interrogée sévèrement, mais grâce aux relations connues du père, la famille est laissée libre. Certains ont avancé que Pauline Dubuisson a été tondue sur la place publique, dévêtue, comme beaucoup de femmes qui ont été accusées d'avoir eu des relations avec les occupants allemands. Mais les historiens n'ont rien trouvé dans les registres et ne croient pas à cette thèse.

Pauline Dubuisson est obligée de quitter Dunkerque pour entreprendre ses études de médecine. C'est la faculté de Lille qu'elle choisit en 1946. Une logeuse du nom d'Eva Gérard accepte de lui louer une chambre de « bonne » en plein cœur de Lille. Elle parle d'une jeune fille charmante, intelligente et courageuse. Rien ne semble détourner Pauline du but qu'elle s'est fixé de devenir médecin, plus précisément pédiatre, afin de soigner les enfants. Malgré la distance, la rumeur rattrape Pauline : « Dubuisson n'est qu'une traînée, une pute à Boche ! ». Trois mois plus tard, elle rencontre un étudiant de 3ème année, Félix Bailly, qui refuse de croire en ces calomnies. Le jeune homme est l'incarnation du chic type, mais faible, qui obéit systématiquement à ses parents.

Pauline Dubuisson et Félix Bailly couchent ensemble pour la première fois au mois de février 1947. Le lendemain, fou d'amour, Félix la demande en mariage. Attendrie mais flattée, Pauline refuse gentiment, c'est trop tôt. Elle a d'autres projets et se résigner à être une femme au foyer d'un jeune médecin n'en fait pas partie. Il faut rappeler qu'à cette époque c'est l'homme, le chef de famille, qui dirige le foyer. Il a autorité sur les enfants, ainsi que sur son épouse qui ne peut travailler qu'avec son autorisation, tout comme obtenir un compte bancaire à son nom. Rien ne prouve toutefois que Félix voulait d'une femme au foyer qui ne travaille pas, mais il est fort probable qu'il se serait laissé entrainer aux usages de l'époque.

Six mois plus tard, la relation entre Pauline et Félix se détériore. L'homme n'en démord pas, il veut toujours l'épouser pour faire taire les rumeurs et en faire une femme honnête, contre l'avis de ses copains de fac. De son côté, Pauline veut mener à bien ses projets, profiter de sa jeunesse pour s'amuser, rattraper l'horreur qu'elle a connue durant son adolescence avec la guerre et la mort de ses frères. Félix se rend au bal annuel de la Croix-Rouge en 1948. Pauline lui accorde la première danse avant de danser avec un copain de seconde année, puis dans les bras d'un de leurs professeurs, puis encore avec un inconnu. Les rumeurs soufflées par les camarades de Félix lui conseillent de laisser tomber cette « pute » ou de lui donner deux paires de claques pour la remettre dans le droit chemin.

Pauline quitte le bal avec un certain Colignon, camarade de faculté. Elle passe la nuit avec lui pour rejoindre Félix chez lui, au petit matin, lui jurant qu'elle a décidé de ne plus revoir Colignon. À partir de ce jour, les tensions vont s'apaiser, mais la famille Bailly est très remontée contre la jeune fille. Le père de Félix, lui-même médecin, exige que son fils rompe avec Pauline qui entache la réputation de leur famille bien connue et respectée de Saint-Omer. C'est à ce moment que la peur de perdre Félix fait prendre conscience à Pauline que ses sentiments envers lui sont bien plus intenses qu'elle le pensait.

En 1949, Félix demande une nouvelle fois Pauline en mariage. Cette fois elle ne refuse pas de manière catégorique. Elle lui répond : « On verra après les examens ». Mais voilà, Félix attend déjà depuis trois ans et un ami lui présente une jeune étudiante qui cadre avec les standards exigés de la bourgeoisie locale : Monique Lombard, une étudiante en lettres et tout le contraire de Pauline, réservée et encore vierge. Félix cède aux exigences de ses parents. Il décide alors de poursuivre ses études à Paris. Pauline lui écrit une longue lettre qu'il fait lire à ses parents lui expliquant qu'elle l'aime profondément et qu'elle est d'accord pour l'épouser et laisser tomber ses études. Félix lui répond assez sèchement, par une courte lettre, qu'il est trop tard.

Pauline est prise d'un profond chagrin et sombre dans une petite dépression. Pour la première fois depuis la mort de ses frères, elle se surprend à pleurer cet amour qu'elle a perdu. Petit à petit la jeune fille se débarrasse de sa dépression, tout au moins elle la cache. Pauline reprend goût à la vie. Un ami de Félix, resté à la faculté de Lille lui rapporte que ce dernier aurait demandé des nouvelles de la jeune fille. Cette demande est perçue par Pauline comme « Je pense encore à toi ». Il n'en faut pas plus pour que s'embrasent les sentiments. Pauline se rend à Paris le 7 mars 1951, ayant obtenu son agrégation.

Félix a accepté de rencontrer Pauline dans un café situé dans le quartier latin. Le jeune homme passe devant, regarde Pauline mais n'entre pas dans le café. Les deux amants vont directement au domicile de Félix situé 25, rue de la Croix-Nivert dans le 15ème arrondissement. Ils dînent chez lui d'une choucroute en boite, d'une orange, d'un verre de vin et d'un cognac. Pour la première fois depuis deux ans les deux amants passent la nuit ensemble, comme si leur amour ne s'était jamais arrêté, juste placé en parenthèse. Pourtant au petit matin, Pauline retrouve un Félix froid et glacial. Il se comporte comme un mufle et se débarrasse d'elle comme d'une aventure sans lendemain. Anéantie, elle veut acheter un pistolet pour se suicider devant Félix, mais n'a pas l'argent nécessaire.

Quatre jours plus tard, le 11 mars 1951, elle fête son anniversaire avec ses parents à Malo-les-bains. Elle a 24 ans. Son père lui offre pour l'occasion 5 000 francs (environ 762 euros). Elle en profite pour se procurer une arme avec les six cartouches. Deux jours avant le drame, la logeuse de Pauline découvre un testament écrit à la hâte avec une trace de larme sur le « P » de Pauline. Eva Gérard envoie immédiatement un télégramme au père de Pauline et de Félix pour essayer d'empêcher la rencontre des deux amoureux. Le 17 mars 1951, c'est jour de grève dans les métros parisiens, Pauline prend donc un taxi pour se rendre rue de la Croix-Nivert.

Il est 09h00 du matin lorsque Pauline Dubuisson arrive au domicile de Félix Bailly. Il ouvre la porte, encore en pyjama. Avec lui dort un copain que le père de Félix a sollicité pour qu'il aille chez son fils, affolé par le télégramme. Il avait précédemment demandé à son fils de quitter Paris pour dormir à Saint-Omer. Pour la première fois de sa vie, celui-ci ne lui a pas obéi. Félix demande à Pauline d'attendre qu'il puisse raccompagner son ami jusqu'à la station de taxi Cambronne. Pauline accepte mais décide de l'attendre en face, au café « Saint-Vincent ». Elle veut le voir seul, chez lui, pas devant le métro. Pauline est prête à se suicider si Félix ne l'aime plus, elle passe le temps en lisant les journaux. A la radio, ce jour-là, on parle beaucoup du retour de voyage du Président de la République, Vincent Auriol, des Etats-Unis. Pauline a attendu jusqu'à ce qu'elle aperçoive Félix rentrer chez lui.

Pauline montre les escaliers qui conduisent jusqu'à la chambre de Félix, ce dernier lui ouvre et se saisit de son sac à main. Peut-être pense-t-il que si Pauline a une arme, c'est à l'intérieur qu'elle l'a cachée. La jeune fille a placé le pistolet dans sa poche de manteau. Selon ses dires, elle tente de se suicider devant Félix tandis que ce dernier se saisit de l'arme. Durant la dispute, Félix est touché par un projectile. Ce qui est difficile à expliquer, c'est que Félix va succomber à trois blessures, une balle en plein front, une balle dans le dos et le coup de grâce derrière l'oreille. Pauline essaie de retourner l'arme contre elle, mais elle s'enraye. Alors, voulant en finir avec la vie, elle arrache le tuyau de gaz et ouvre la vanne.

Ce n'est qu'un quart d'heure plus tard qu'un autre copain de Félix qui devait prendre le relais pour sa sécurité se présente à la chambre. Les pompiers avertis arrivent sur place mais leurs efforts ne parviennent pas à réanimer Pauline. Le médecin lui injecte un cardiotonique, ils parviennent à la sauver in extrémis. Ils témoigneront qu'il s'en est fallu de peu, qu'elle avait déjà un pied dans la tombe. Il faut avouer que la plupart du temps, le suicide au gaz ne laisse que peu de chance de salut. Ce n'est pas le père de Pauline Dubuisson qui dira le contraire. En effet, deux jours plus tard, apprenant ce qui s'est passé à Paris, il décide de se donner la mort avec le tuyau de gaz placé dans la bouche et une bouteille d'éther sous le nez. Cette fois, c'est une réussite. Pauline a tué Félix et son père, par dommage collatéral.

Nous sommes le 27 octobre 1953 à la prison de la Roquette, un ancien établissement pénitentiaire situé dans le 11ème arrondissement de Paris, au 166 et 168, rue de la Roquette. Pauline Dubuisson attend d'être jugée pour avoir abattu son ancien amant de trois balles de pistolet. Mais au petit matin, on la découvre dans sa cellule dans une mare de sang, allongée dans son lit. Elle a tenté de se suicider.

Le procès est reporté de quelques semaines et enfin le 21 novembre 1953, la foule avide de sensation et de sang se presse devant le palais de justice pour assister au procès. Les juges, quant à eux, blessés que cette jeune femme ait tenté de se soustraire à la justice pour en finir, l'attendent de pied ferme. Il faut préciser qu'à l'époque les femmes criminelles étaient jugées bien plus durement que les hommes.

Les femmes avaient l'honneur de pouvoir donner beaucoup d'amour aux hommes, elles avaient le pouvoir de donner la vie, personne ne pouvait comprendre qu'elles pouvaient retirer ce pouvoir qui leur était donné. La presse elle-même ne s'y trompait pas, les articles concernant Pauline Dubuisson n'étaient pas élogieux, bien au contraire. Les sobriquets de sorcière, démon ou fille facile au fort caractère ponctuaient la lecture des plus grandes plumes des quotidiens. A la barre défilent camarades et enseignants de la faculté de Lille qui ont connu Pauline Dubuisson et Félix Bailly. Pour certains, c'était une personne réservée, pour d'autres une jeune femme qui cachait bien son jeu et s'amusait du pouvoir qu'elle exerçait sur les hommes. L'avocat général Lindon réfute l'innocence de cette jeune femme. Pour lui c'est clair, elle s'est vengée de l'amour que Félix entretenait avec sa nouvelle promise. D'habitude elle s'amusait des hommes. Elle n'a pas supporté que pour une fois ce soit elle qui soit laissée par un amant. La célèbre journaliste, Madeleine Jacob, enfonce allégrement le clou de cette culpabilité.

Après la prise de parole de l'avocat général et du président Jadin, c'est le tour de l'avocat de la partie civile René Floriot, premier ténor du barreau de Paris. Il essaie de faire flancher Pauline Dubuisson qui continue d'affirmer qu'il s'agissait d'un crime passionnel. La preuve c'est qu'elle a tenté de se suicider juste après. L'avocat général se gausse en lui indiquant qu'elle a joué de malchance, ajoutant : « Vous ne réussissez que les crimes, jamais les suicides. » tout comme dans le report de son procès à cause d'une nouvelle tentative. Mais la jeune femme ne faiblit pas, elle se souvient des leçons de son père et demeure droite dans ses déclarations. Maître Floriot ne perd pas, mais ne gagne pas non plus. Dans son réquisitoire l'avocat général met littéralement Pauline en pièces : « Ce pauvre Félix, vous l'avez buté par orgueil !... Trois balles, toutes mortelles ! La première dans le front, la deuxième dans le dos et la troisième, pan ! Le coup de grâce du tueur, à bout touchant derrière la tête ! ». Pourtant Pauline continue de nier les faits : « Non ! j'avais le pistolet contre mon cœur, voulant en finir, il s'est jeté sur moi le premier coup est parti, c'est tout ce que je sais, le reste est confus dans ma mémoire... ».

L'avocat général tient parole et réclame la tête de Pauline Dubuisson. Puisqu'elle a tué Félix, il réclame pour elle le châtiment suprême, la peine de mort. Les jurés vont devoir se prononcer sur la vie ou la mort de Pauline, après l'avoir vue trois demi-journées entre deux gendarmes. Un jeune journaliste est convaincu que la justice ne se limite pas à une tête contre une vie. L'affaire est à son sens beaucoup plus complexe. Cet homme c'est Jacques Vergès qui, après cette affaire, va abandonner le journalisme pour reprendre ses études de Droit. Il deviendra, plusieurs années après, un grand ténor du barreau, admiré mais controversé dans le choix de ses clients.

Le 18 novembre 1953, après une heure à peine de délibération, le jury revient pour prononcer le verdict, travaux forcés à perpétuité. Pauline

Dubuisson échappe ainsi à la peine de mort. Elle doit sans doute son salut à la seule femme présente parmi les jurés, Raymonde Gourdeau, une modeste couturière. Il faut savoir qu'à l'époque, il arrivait souvent que les femmes soient récusées. Le droit de vote acquis récemment ne leur permettait pas encore d'obtenir toute confiance pour juger. Inscrites sur les listes électorales leur donnait déjà le privilège d'être tirées au sort, c'était déjà bien selon les hommes. Les femmes devaient s'en contenter avant d'obtenir plus. Madame Gourdeau a siégé uniquement parce que l'un des jurés masculins était malade. C'est en qualité de jurée suppléante qu'elle a pu exprimer sa voix. Pauline accepte sa sentence avec courage et se réfugie derrière le masque que lui avait appris son père afin de ne pas laisser paraître ses sentiments.

Pauline Dubuisson va faire neuf années de prison et de travaux forcés à Haguenau dans le Bas-Rhin en Alsace, un ancien hôpital militaire avant d'être une prison pour femmes, puis une caserne et enfin le siège de l'Institut Universitaire et Technologique (IUT) d'Haguenau et de la médiathèque municipale. Tout est consigné, de son portrait psychologique jusqu'à une paire de lacets. Elle peint d'abord des jouets en bois avant de fabriquer des « minoches », sorte de bouquets en plumes collés à une baguette en bois où un crayon, très prisées par les femmes du monde. Son caractère calme, son courage et ses qualités intellectuelles lui permettent de devenir contremaître.

Elle décide d'apprendre l'anglais toute seule, devient comptable puis bibliothécaire. Pauline Dubuisson bénéficie de plusieurs remises de peine. Elle se lie également d'amitié avec plusieurs détenues qui, comme elles, ont été martyrisées et malmenées par la vie. Pauline s'accommode de cette vie, loin de Félix et de son père. Elle lit beaucoup et commence à écrire. Dans ses lettres, elle parle du manque d'instruction qu'elle a subi à cause de la guerre et qui l'empêche parfois de comprendre certains livres. Mais rien ne l'arrête dans sa soif de la connaissance, comme si elle voulait reprendre une vengeance sur la vie, sans rancune envers quiconque, juste une envie de savoir.

Pauline Dubuisson sort de prison le 21 mars 1960. Elle retourne à Malo-les-Bains, chez sa mère, rue des Fusillés. Mais les ragots colportés pendant la guerre ont survécu, la vie dans cette ville est difficilement envisageable. Pauline n'a qu'une idée en tête, reprendre ses études de médecine là où elle les avait laissés, en quatrième année. Elle s'inscrit à la faculté de Paris et s'installe avec sa mère dans le 6ème arrondissement, rue du Dragon, en plein dans le quartier latin. Pauline remarque qu'en dix ans les vêtements, les attitudes et la vie des gens ont bien changé. Le monde s'est transformé sans elle.

Pauline se présente avec les traits tirés, elle est désormais trentenaire, toute la jeunesse de Paris lui semble étrangère. L'onde de choc du procès de presque dix ans est en train de s'éloigner. Sur les trottoirs, elle aime croire qu'elle est redevenue une passante anonyme. Chaque écrivain ou journaliste a écrit sa vérité sur l'affaire qui hante encore une partie des esprits. Pourtant, avec le cinéma et déjà l'envie de retranscrire dans les salles obscures de grandes histoires criminelles, une sulfureuse actrice, Brigitte Bardot, va endosser un rôle qui rappelle son histoire : Dominique Marceau jugée en cour d'assises pour avoir assassiné son amant. En quelques mois, cinq millions de spectateurs. C'est un triomphe pour « La vérité ». L'affaire Pauline Dubuisson est revenue dans tous les esprits.

Pauline sait qu'elle doit partir ou, tout au moins, se faire discrète. Elle arrive, grâce à l'état civil, à faire inverser ses deux prénoms. De Pauline, elle devient Andrée Dubuisson. Elle échappe comme elle peut aux journalistes mais, l'année d'après, c'est au tour de l'écrivaine Madeleine Jacob d'enfoncer le clou avec son roman sur cette affaire, toujours cadrée sur la version de René Floriot l'avocat de la partie civile et cette fameuse première balle tirée dans le dos. Elle conclut son roman par cette phrase : « Pauline Dubuisson, un monstre ? Sans doute, mais un monstre de vanité, d'égoïsme et de mauvais orgueil, de cruauté et de despotisme… ».

En octobre 1962, Pauline est au tout nouvel aéroport d'Orly avec deux valises. Elle va embarquer à bord d'un avion pour la première et unique fois de sa vie, une caravelle d'Air-France. À la faculté, elle est tombée sur une petite annonce : « Recherche interne dans un hôpital français au Maroc, logement fourni, contactez le docteur Joseph ». Pauline arrive donc à Mogador, devenue depuis Essaouira, une ville portuaire et touristique située sur la côte atlantique du Maroc. Pauline est arrivée au bout de son parcours français, elle souhaite tout quitter pour n'importe où dans le monde, refaire une vie, loin de son passé, mais surtout loin des personnes qui ne sachant rien de son histoire extrapolent pour construire « leur vérité ».

Le docteur Joseph accueille Andrée Dubuisson, avec son épouse. Ce couple va devenir petit à petit ses parents de substitution. Elle s'est livrée sur son passé et Joseph a promis de garder le secret. Très vite, Andrée se met au travail et pratique la médecine avec beaucoup de cœur et de courage à la médina. Elle soigne surtout les enfants qui l'adorent. Ils l'appellent la femme aux cheveux rouges, car ses cheveux ont doré au soleil. Elle est devenue une jeune femme de 36 ans avec ses yeux bleus que beaucoup ont toujours cru noirs, à cause des photos sur les journaux. Elle se maquille et s'habille toujours avec soin. Discrète, elle se rend aux apéritifs du « Café de France ».

Certes Andrée a une vie quelque peu originale, elle s'entoure d'animaux dont elle aime prendre soin. Le soir, seule, elle se promène sur les remparts qui lui rappelle un peu ceux de Malo-les-Bains. Elle rencontre un ingénieur pétrolier, Jean Lafourcade. Ils se fréquentent doucement. Et puis chez le dentiste de la ville où l'on attendait toujours longtemps dans la salle d'attente, Jean tombe sur un magazine avec un article de l'avocat Paul Baudet qui parle, entre deux publicités, de l'affaire Pauline Dubuisson. Dans la médina la rumeur commence à se répandre. C'est reparti, le passé revient sonner à la porte. Andrée se rend bien compte que les gens changent à son contact. Son comportement vis-à-vis d'eux également. De plus en plus réservée, elle invite ses amis et au dernier moment oublie de cuisiner. Andrée parait de plus en plus soucieuse, même si elle fournissait des efforts pour paraître moins préoccupée, comme si les deux caractères de Pauline et Andrée s'affrontaient.

En revenant d'un week-end à Rabat, Jean la demande en mariage. Andrée sait qu'elle ne peut plus tricher et lui raconte l'histoire de Pauline. Jean lui répond simplement qu'il ne sait pas, mais que ce passé est au-dessus de ses forces. Il ne donnera plus jamais aucun signe de vie. En quelques minutes, Andrée est redevenue Pauline, tout s'écroule autour d'elle comme aspirée par le vide. Elle cherche à reprendre le travail, mais rien ne va, elle tient parfois des propos incohérents. Une nouvelle dépression déferle et la submerge.

Andrée prend de plus en plus de somnifères, certains croient en un chagrin d'amour mais la douleur est sans doute plus profonde. La métamorphose est complète et Pauline quitte de moins en moins son appartement pour se rendre à l'hôpital. Le médecin et ami Joseph, ainsi que son épouse, se sentent impuissants. Ils ne peuvent rien faire, persuadés qu'elle n'a qu'un seul but : mourir. Le 22 septembre 1963, Pauline rédige son dernier testament avant de se suicider, demandant à être enterrée ici à Mogador, dans une tombe anonyme où il n'y a rien. Ainsi, aujourd'hui encore Pauline Dubuisson repose dans le cimetière d'Essaouira, dans une tombe sans nom au soleil du Maroc. Elle voulait qu'on oublie, cela s'est avéré impossible…

Les grands criminels 09

1955 – Ruth ELLIS

Nous sommes à Rhyl, une station balnéaire de la côte nord du pays de Galles, dans le Denbighshire. C'est là qu'une petite fille voit le jour. Ruth nait le 9 octobre 1926 au sein d'une famille modeste de cinq enfants. Bertha, la mère, est une réfugiée juive franco-belge venue en Grande-Bretagne pour échapper aux Allemands lors de la première guerre mondiale. Elle n'avait pour toute fortune qu'une couverture lorsqu'elle débarqua sur le sol britannique.

Bertha travaille très dur comme domestique avant de pouvoir épouser Arthur Hornby, un violoncelliste. Ce n'est pas la misère, ce n'est pas la fortune non plus. Arthur s'en va souvent car ses contrats l'obligent à jouer avec son orchestre sur des bateaux de croisière. Ruth, c'est un peu le petit diable au sein de la fratrie. Peu douée pour les études, elle quitte l'école à 14 ans pour se faire embaucher comme serveuse.

En 1944, alors que la seconde guerre mondiale touche à sa fin, Ruth est âgée de seulement 18 ans lorsqu'elle tombe amoureuse d'un soldat canadien. Cette union donne un fils que sa mère appelle Andy. Mais voilà une ombre au tableau, l'homme est marié et a déjà deux enfants. Durant les premiers mois de la grossesse et ceux qui suivent, le militaire rend visite à Ruth, il s'assure également qu'elle ne manque de rien. Toutefois, la guerre terminée, il rentre au Canada et ne donnera plus jamais de nouvelles. Ruth doit se débrouiller seule et subvenir aux besoins de son fils Andy. C'est ainsi qu'elle se fait engager dans une boîte de nuit.

Certes, Ruth parait comme une jeune fille pour le moins délurée, mais elle est loin d'être dévergondée. Elle n'a jamais été l'une de ses filles qui échangent leur corps contre des billets de banque. Non, Ruth est intelligente et sait se tenir. Si le soir elle est dans la salle avec les clients, elle s'occupe surtout de la direction de l'établissement et s'avère être une gestionnaire efficace. Pourtant, si elle le voulait, avec sa plastique avantageuse, ses cheveux platine et sa silhouette qui ne sont pas sans rappeler la sulfureuse Maryline Monroe, Ruth pourrait faire marcher ses soupirants sur la tête.

C'est sans doute pour cela qu'elle a attiré l'attention de Georges Ellis, un dentiste de 41 ans, divorcé et père de deux enfants. Avec Georges, Ruth peut parler et confier ses projets. Au bout de quelques mois, Georges demande à Ruth de l'épouser. Elle accepte le 8 novembre 1950.

On peut penser que Ruth a trouvé un début de stabilité, l'amour et, qui sait, un second père pour son fils. Mais voilà, cette union est loin d'être heureuse. Georges n'est pas l'homme qui a fait une cour effrénée à sa future femme. Il est déjà père de deux garçons. Alcoolique violent, jaloux et possessif, il est convaincu que Ruth entretient une liaison extra-conjugale et leur mariage se détériore rapidement. En 1951, Ruth accouche toutefois de leur petite fille Georgina, mais voilà, Georges refuse de la reconnaître. Ruth quitte son mari et retourne vivre chez ses parents avec ses deux enfants. Elle est alors âgée de 25 ans.

En 1953, la jeune femme profite d'une opportunité. Son patron, Morris Conley, la nomme gérante d'une discothèque fréquentée par de nombreuses célébrités. La jeune femme est heureuse. Cet emploi lui convient bien et elle peut mettre ses talents d'organisatrice et de gestionnaire en avant. La vie est plus facile. L'argent rentre bien, il ne manque qu'une chose à Ruth, rencontrer l'âme sœur. Et en fait d'âme, elle va rencontrer un démon. C'est à cette époque que le coureur automobile Mike Hawthorn lui présente un autre coureur, David

Blakely, un garçon de bonne éducation trois ans plus jeune qu'elle, mais gros buveur et violent. David Blakely est un jeune homme à la vie facile et joyeuse. Pilote automobile aux goûts luxueux, il participe régulièrement aux 24 heures du Mans. Il sait épater la galerie avec quelques réparties bien placées ce qui lui donne une réputation d'homme agréable et plein d'humour.

Pour Ruth, c'est le coup de foudre. Est-ce la même chose pour David qui, quelques semaines seulement après leur rencontre, la demande en mariage ? La réciproque n'est pas certaine. Ruth est dans un rêve. Bien qu'elle soit encore mariée à Georges Ellis, elle accepte la demande en mariage de David. En attendant, elle autorise son « fiancé » à vivre chez elle dans l'appartement qu'elle occupe, au-dessus de la boîte de nuit. Il y a des femmes qui, soit n'ont pas de chance, soit provoquent les rencontres désastreuses. Là encore, en quelques semaines, la belle histoire d'amour s'effrite.

David Blakely n'est pas le gentil garçon qu'il paraît être. Ce qu'il aime, c'est d'abord l'argent et les hommes. Mais c'est également un maquereau de banlieue qui a trouvé la bonne poire pour se faire entretenir. Lorsque Ruth se rebiffe, il la frappe. Il use largement des boissons alcoolisées de la boîte et pioche allégrement dans la caisse comme si l'établissement lui appartenait. Il est clair que dans ces conditions les choses ne peuvent pas durer ainsi éternellement même si le sourire enjôleur de

David retarde régulièrement la séparation du couple. Et puis, si David offre gifles et coups de poing à Ruth, c'est tout simplement parce qu'il l'aime et qu'il ne supporte pas les regards équivoques de la clientèle.

David se réfugie derrière une jalousie maladive comme excuse aux coups donnés. C'est la facilité, mais également l'excuse qui passe le mieux envers ses congénères machistes et violents. Il faut croire que de tout temps, certains hommes ont toujours eu besoin d'affirmer leur virilité par la violence. Mais l'humiliation ne s'arrête pas là. Il s'affiche régulièrement dans la boîte avec deux de ses conquêtes. L'une masculine, l'autre féminine. Cette histoire sent le soufre. Un sourire, un billet, une gifle, un bisou, la panoplie du gigolo endimanché à longueur de semaine. Et la voiture de sport neuve et rutilante fait jaser.

Et il est loin de se calmer David. Ruth va bientôt sentir l'horreur quand elle se retrouve enceinte de David qui, tout à sa joie, fête la chose en lui donnant une raclée. Ruth avorte. La jeune femme s'est rapprochée de Desmont Cussen, un ancien pilote de bombardier de la Royal Air Force (RAF). Un de ses soupirants qui déteste David. Elle lui confie son exaspération avec les sautes d'humeur de son amant. Elle emménage chez lui, à Egerton Gardens dans Knightsbridge, lorsqu'elle perd son emploi de gérante. Ruth déclare, un soir à Desmont Cussen : « Si j'avais une arme je le tuerais... »

d'une voix désespérée en parlant de son ancien amant, David Blakely. C'est sans doute Desmont qui a fourni à Ruth le Smith et Wesson calibre 38 qui allait être fatal à David, mais elle ne le dénoncera jamais.

Il est 21h30, le 10 avril 1955, c'est le dimanche de Pâques. Ruth Ellis est à bout, elle apprend que David s'est installé chez des amis. Il a compris qu'il avait tiré le maximum de sa maîtresse et, pour lui, les choses sont terminées. Ruth l'attend devant un pub à Hampstead, où elle sait qu'il se trouve. L'homme sort du pub de South Hill Park en compagnie de son ami Clive Gunnell. Il se dirige vers sa voiture. Ruth l'interpelle. Ruth appelle David à deux reprises, il ne lui répond pas et feint de l'ignorer. La jeune femme est dans un état d'excitation intense. Elle sort de son sac un revolver. Elle le menace. Il lui rit au nez. Elle tire une fois, deux fois, trois fois. Le chargeur y passe. David s'écroule au sol. Gladys Yule, une passante qui s'apprête à rentrer dans le pub, est blessée à la main par une balle perdue qui vient de ricocher sur le trottoir.

La rue pratiquement déserte est soudain pleine de curieux. Un policier qui rentre chez lui, son service terminé, se précipite sur Ruth qui a toujours son arme à la main. Celle-ci n'oppose aucune résistance. Comme une automate elle remet au fonctionnaire le revolver et se laisse conduire au bureau de police. Les fonctionnaires constatent que

Ruth est dans un état second. Elle a bu. Elle titube même en signant sa déclaration où elle fait une confession détaillée. Elle ne nie rien. Elle est accusée de meurtre.

Le 20 juin 1955, elle est jugée. Elle répète ses aveux devant le jury qui découvre une femme bien mise et maintenant tout à fait consciente de ses actes. Sa mise impeccable ne joue guère en sa faveur même si l'opinion publique lui est favorable. Personne ne croit qu'une femme battue et mère de deux enfants en bas âge risque la mort. Et pourtant. Le crime qu'elle a commis peut être considéré comme un crime passionnel mais au cours de son procès, elle n'explique pas le contexte, en revanche elle reconnait la préméditation.

Comme son avocat le lui a demandé, Ruth plaide non coupable d'homicide volontaire. Elle ne nie pas ce qu'elle a fait mais se trouvait dans un état qui ne lui permettait pas le discernement. L'avocat général est un vieux renard qui connaît son métier. Lorsqu'il demande à l'accusée ce qu'elle avait réellement l'intention de faire quand elle a vidé le chargeur sur David, elle donne la seule réponse possible : « J'avais l'intention de le tuer ! ». Ruth vient de signer son arrêt de mort. Son avocat est accablé. Il sait que le ministère public a piégé sa cliente et qu'elle vient de perdre la seule chance que Ruth avait de s'en tirer. En répondant qu'elle avait l'intention de tuer David, l'homicide devient volontaire. Et là, avec la justice anglaise, ça ne pardonne pas. Subtilité des mots certes mais qui va entraîner des conséquences dramatiques.

Le jury, se retire. Il ne lui faut que 23 minutes de délibération pour rendre l'unique verdict possible : la condamnation à mort pour meurtre. Crime qui selon la loi en vigueur en 1955, entraîne une condamnation automatique à la peine de mort sans aucun pouvoir discrétionnaire de la part du juge ou du jury. Le président s'adresse à madame Ellis pour savoir si elle désire ajouter quelque chose avant que les débats soient définitivement clos. Ruth se lève alors de son box, regarde le juge et les jurés en leur adressant un simple : « Merci ! ». La salle est sous le choc. Ruth est emmenée par ses gardiens. Il ne lui reste que 24 jours à vivre.

Pas de jugement sur le fond. Rien. Alors que dans n'importe quel pays civilisé Ruth aurait pu prétendre à une accusation de meurtre passionnel. La loi britannique ne fait pas de quartier. Soit l'accusé est reconnu coupable et il est condamné à être pendu, soit il est reconnu innocent et c'est la liberté. Dans ce cas bien sûr, la culpabilité ne fait aucun doute puisque le meurtre est reconnu par l'accusée elle-même. La seule chance qu'il reste à Ruth c'est qu'une grâce lui soit accordée. Sa condamnation à mort fait débat en Grande-Bretagne dans le contexte des élections générales de 1955 que les Conservateurs vont remporter, avec un programme, entre autres, favorable à la peine capitale. En Angleterre, sur les 145 femmes qui ont été condamnées à mort, plus de 90% ont été graciées. Après rejet de l'appel, seul le Home Secretary (Bureau de l'Intérieur) dispose de la possibilité de commuer la peine.

Une semaine avant l'exécution de Ruth, une femme de 40 ans, condamnée à mort pour avoir tué sa voisine, âgée de 86 ans, à coups de pelle, est graciée. Deux mois auparavant, deux hommes ont également été graciés. L'un parce que militaire ; il était cantonné en Allemagne et l'Allemagne n'autorisait pas l'application de la peine capitale sur son sol, même pour un ressortissant étranger. La seule solution a été de commuer sa peine en réclusion. Il a fait 11 ans de prison. Le second, qui avait tué sa petite amie à coups de couteau, avant de s'ouvrir la gorge, a été gracié parce que la blessure à la gorge qu'il s'était lui-même faite risquait de se rouvrir lors de la pendaison. Les autorités n'ont pas voulu faire face à ce qui se produirait dans ce cas. Il est sorti de prison au bout de 12 ans.

En toute logique, la condamnation de Ruth aurait dût-être commuée en réclusion criminelle à perpétuité. Elle serait sortie en liberté conditionnelle au bout de 10 à 12 ans. Mais ce qui a conduit la jeune femme à la potence, ce n'est pas tant la mort de David, mais la blessure à la main de l'honorable Gladys Yule. Madame Gladys Kensington Yule, est l'épouse d'un banquier influent au sein de la bonne société. Antiabolitionniste convaincue, elle a mené sa propre campagne pour que Ruth soit pendue.

Un journal londonien publie l'une de ses nombreuses missives où elle déclare : « Il ne faut pas transformer Ruth Ellis en héroïne nationale. Si elle a été frappée par son amant, elle n'avait qu'à porter plainte auprès de la police. J'ai été pétrifiée lorsque j'ai assisté à la mort de David Blakely. Ruth Ellis a mis en danger les passants innocents et j'ai été blessée dans cette rixe. J'aurais même pu être tuée...Les citoyens de ce pays doivent pouvoir se déplacer dans les rues en toute sécurité... ». Dans le fond, elle n'a pas tort madame Yule, tous les citoyens sont en droit de pouvoir se déplacer dans une ville sans risquer de récolter une balle perdue.

Ruth Ellis a tué. Elle a commis un crime en enlevant la vie à un homme jeune et plein d'avenir. Pour cela, le Ministère public réclame la mort. Dans l'Angleterre des années 50, la peine de mort, c'est la pendaison. De toutes les femmes criminelles du 20e siècle, Ruth Ellis est certainement l'une de celles qui ne méritait peut-être pas une telle fin. Implacable, la machine judiciaire est passée. La peine de mort n'est pas dissuasive, mais c'est une sanction judiciaire pour punir un crime, une issue dramatique sans que la justice ne se donne parfois les moyens de comprendre les faits. Certes, Ruth Ellis a avoué son crime et c'est sans nul doute l'élément qui a précipité sa condamnation à mort. Il est possible aujourd'hui de se poser la question sur d'éventuelles circonstances atténuantes. Certes, la légitime défense n'entre pas en ligne de compte, le crime a perpétré de sang-froid, mais une certaine indulgence pour ce que la jeune femme a vécu aurait sans doute pu lui éviter le châtiment suprême.

Le jour se lève sur la prison d'Holloway. Dehors, plusieurs centaines de personnes scandent leur opposition à l'exécution qui se prépare. Certaines pleurent, d'autres prient. Dans l'une des cellules du quartier des condamnés à mort, une jeune femme de 28 ans vit ses dernières heures. La veille, elle a subi les affres de la précision britannique. De sa cellule, Ruth a comme beaucoup de ses codétenus a entendu les gardiens monter la potence. Dans l'après-midi, le bourreau l'a pesée soigneusement. Puis, il a testé le mécanisme en y accrochant un sac de sable d'un poids identique à celui de sa future « cliente ». La corde a été huilée, graissée, tout a été vérifié pour que les choses se passent dans les règles de l'art.

Nous sommes le 13 juillet 1955. Il est 07h00 du matin, la corde flambante et souple est mise en place sur la potence. Malgré les 50 000 signatures recueillies lors d'une pétition nationale, l'intervention des médias, le souffle même de quelques politiques courageux, force doit rester à la loi. Même l'appel du père de Ruth, qui avait adressé une lettre désespérée au secrétaire d'État, rappelant ses blessures de guerre reçues pour défendre son pays et les graves séquelles qu'il en gardait, n'a pas été suivi d'effets. Ruth n'a eu aucune chance. Dans la prison, l'atmosphère est palpable aussi bien du côté des prisonniers que du personnel pénitentiaire. On sent réellement un malaise comme à chaque fois qu'a lieu une exécution, mais cette fois, tout le monde sait bien que ce qui va se passer, ce n'est pas vraiment la justice.

Ruth, elle, est calme. Elle écrit dans sa cellule ses dernières lettres, ses derniers mots. On l'a vêtue d'une méchante blouse grise et de savates en corde. On est loin de la fille un peu provocante, riante et chahutant qu'elle était moins de 100 jours avant. D'une écriture appliquée, elle couche sur le papier son acceptation de la mort. A Maître Simmons, l'avocat chargé de régler son divorce avec Georges Ellis, elle écrit : « J'ai tué, je dois mourir. C'est la loi des hommes et je m'y soumets. Je vais mourir dans deux heures et je ne changerai pas cette façon de penser. Tout le monde a été gentil avec moi en prison. Je ne vous demande qu'une chose, consolez ma famille et dites-lui que je les aime. Merci pour tout ».

Chez les parents de Ruth c'est, comme on s'en doute, des heures pénibles qu'on est en train de vivre. La mère prie alors qu'Arthur, le père, fait cracher à son violoncelle toute sa peine et sa tristesse. Elizabeth et Muriel les sœurs de la condamnée pleurent. Andy, le fils de Ruth, est chez son beau-père Georges Ellis. On lui a dit que sa mère était en Italie en voyage d'affaires. Georgina, la fille de Ruth et de Georges, dort paisiblement en rêvant d'oiseaux chanteurs et de licornes féeriques. A 08h50, le prêtre est auprès de Ruth qui accepte un verre d'eau de vie et se met à genoux pour recevoir la communion. L'homme d'église lui confirme que, conformément à son vœu, un crucifix a été placé dans la salle d'exécution.

Il est 08h55 et la sentence doit être appliquée. Un instant le directeur de la prison, qui a au téléphone un secrétaire de cabinet ministériel, croit que l'exécution va être annulée. Ruth peut encore bénéficier d'une grâce providentielle. Mais non, c'est une fausse alerte. Que la justice suive son cours. Une minute. Cet incident a fait gagner à Ruth une minute. A 09h01, le lymphatique Albert Pierrepoint qui en a vu d'autres, puisqu'il a exécuté plus de 450 personnes, entre dans la cellule de la condamnée. Celle-ci ne dit pas un mot. Elle obéit en tous points à ce qu'on lui demande. Pierrepoint attache dans le dos les mains de la suppliciée. Le cortège parcourt alors les quelques mètres qui les séparent de la salle d'exécution.

Ruth est placée sur la trappe qui va s'ouvrir sous ses pieds. Elle n'a toujours pas dit un mot. Le silence, un silence de mort, seulement le frottement de la cagoule de coton blanc qu'on enfile sur la tête de la condamnée. Le bourreau serre un cordon autour de son cou pour que le tissu de s'envole pas lorsque le corps sera projeté dans le vide. On veut bien tuer, on n'a pas besoin de voir, après coup, les dégâts occasionnés par la corde. Un aide attache les pieds de Ruth. Aucun mouvement de protestation, ni de peur.

Rien qu'une soumission qui frise l'inconscience. Ruth n'a même pas ce petit sursaut de révolte qu'ont tous les condamnés à mort à l'orée de leur trépas lorsque le bourreau passe la corde autour de son cou. Il prend son temps car il est méticuleux, Albert. Du pouce, il calcule la distance exacte pour placer la corde au bon endroit entre le cou et le menton. A 4 centimètres de la jugulaire. Pierrepoint est un grand professionnel. Il appuie sur le mécanisme. La trappe s'ouvre. Le bruit sec retentit comme le coup de fouet sur le dos de l'attelage et puis c'est fini. Tout le monde se retire, certainement peu fier du devoir accompli.

Le corps abandonné finit d'aller et venir au bout de la corde tendue, comme le balancier d'une horloge quand le temps s'arrête. Un corps dans la pénombre qu'on laisse ainsi durant une heure. C'est la loi. La loi de sa Gracieuse Majesté. God save the Queen.... 09h18, la foule qui attend à l'extérieur voit la porte de la prison s'ouvrir. Un fonctionnaire mal à l'aise placarde le compte-rendu d'exécution. Tout le monde se disperse sauf Julian, le frère de Ruth, qui durant de longues minutes laisse ses yeux errer sur les lettres qui se dessinent sur le papier officiel. Il ne voit rien Julian, il pleure, il ne sent même pas les tapes de réconfort sur son dos. 10h15, le corps de

Ruth est décroché de la potence. Une rapide autopsie a lieu. Un sinistre rapport dont on ne comprend pas trop l'utilité si ce n'est qu'il est exigé par la loi, est présenté au juge qui tout aussi blasé met un coup de tampon sur les feuillets pour clore la procédure.

Laconiquement le médecin présente ses constatations : « Ruth Ellis était âgée de 28 ans. Elle mesurait cinq pieds deux pouces (1,58 mètres) et pesait 103 livres (47 kilos). C'était une femme bien nourrie qui prenait soin de son corps. Elle est décédée par suite d'un acte de pendaison, le larynx a été rompu ce qui a occasionné la destruction du système nerveux central. Le sujet était en bonne santé au moment de sa mort. Certifié par le Dr Keith Simpson, médecin légiste ».

Les formalités sont terminées. Non, il en manque une. On demande au pauvre Julian, le frère de Ruth, d'identifier le cadavre, au cas où on se serait trompé de personne. 12h10, Ruth est enterrée dans une tombe anonyme, sans nom ni signe distinctif, dans le cimetière de la prison. Le rideau descend, fin de l'acte, personne n'applaudit. Le bourreau Albert Pierrepoint dans son cahier de mémoire écrira presque à regret : « Elle n'a rien dit, dommage, mais je pense que les femmes sont plus courageuses que les hommes. D'ailleurs je n'ai jamais vu un homme plus courageux qu'une femme dans ces circonstances ». Ruth Ellis sera la plus jeune et la dernière femme exécutée en Grande-

Bretagne. Son cas a posé un réel débat au sein de la société britannique parce que si Ruth Ellis a tué et qu'elle devait être punie pour cela, elle n'a jamais constitué la moindre menace pour la société. Mais en 1955, la loi britannique est ainsi faite qu'il n'y a pas d'alternative à une autre sanction en cas de meurtre comme la réclusion à perpétuité. Deux poids deux mesures, c'est un peu le scénario de ce drame qui est resté dans les mémoires.

Et si cette affaire criminelle a fait tant de vagues en Angleterre, c'est qu'on a jugé cette femme sur les faits et non sur le fond, le tout dans un délai extrêmement court. De plus, durant les 93 jours qui se sont écoulés entre la date du meurtre et la date de l'exécution, une importante consultation électorale a eu lieu et pour les conservateurs qui viennent de l'emporter, ce n'était vraiment pas le moment de se prononcer face à l'opinion publique sur l'opportunité ou non de la peine de mort devant un tel drame.

En 1971, la prison de Holloway entreprit un vaste programme de reconstruction sans précédent. Les corps des femmes exécutées et qui étaient enterrées dans l'enceinte de la prison sont exhumés. Ainsi le corps de Ruth Ellis a été rendu à son fils Andy, autorisé à l'inhumer à Amersham, dans le comté du Buckinghamshire. Sur place, la pierre tombale porte le nom de Ruth Hornby (le vrai nom de son père), ainsi que deux dates 1926-1955. Le corps de David Blakely, quant à lui repose dans le cimetière attenant à l'église de Penn, à quelques kilomètres de là.

Albert Pierrepoint décide de démissionner en 1956 de son poste d'exécuteur de la couronne, pour se consacrer à l'écriture de ses mémoires en livrant les derniers instants de ses « clients ». Une série de chroniques « La propre histoire du bourreau » lui rapporte 500 000 livres sterling (583 680 euros). Durant sa carrière il a exécuté 607 personnes et déclare que cette expérience n'a rien apporté à la justice sinon un sentiment d'amertume et de vengeance. Il décède le 10 juillet 1992, quatre ans après son épouse Annie, dans sa maison du bord de mer à Southport. Le 9 novembre 1965, le Murder Act suspend la peine capitale pour meurtre pour une durée de 5 ans. Le Parlement confirme l'abolition de la peine de mort pour meurtre en décembre 1969. Tony Teare est la dernière personne à être condamnée à mort en Angleterre en 1992. La sentence sera commuée en prison à vie en 1994. La peine de mort est abolie en 1998.

Georgina était âgée de trois ans lorsque sa mère Ruth a été exécutée. Elle devient une femme ravissante mais avec une vie sentimentale pour le moins agitée, pour mourir d'un cancer à l'âge de 50 ans. Andy, le fils résultant d'un amour avec un soldat canadien, passe toute son enfance avec Ruth et ses amants, tantôt avec Muriel sa tante et sa grand-mère Bertha. Il est d'une grande fragilité psychique. Définitivement instable, il ne réussit jamais à rompre avec son enfance et plongea dans la schizophrénie. Il se suicide en août 1982, en absorbant un cocktail de drogues et d'alcool. C'est le procureur Humphrey qui paya les frais d'obsèques, ce même procureur qui avait requis la peine de mort contre sa mère Ruth Ellis...

1985 – Philippe DE DIEULEVEULT

La chaîne Antenne 2 devenue France 2, diffuse une émission à succès suivie par de nombreux téléspectateurs, du mois de mars 1981 au mois de juillet 1985 : « La chasse aux trésors ». Chaque dimanche soir, devant leur écran de télévision, le public peut ainsi découvrir de nombreux pays tout en contribuant à la résolution d'une énigme, celle de retrouver trois trésors cachés.

C'est Philippe De Dieuleveult qui, à bord de son hélicoptère, fait vibrer ce public avide de sensations et fasciné par les décors de paysages inconnus. Durant l'émission d'une heure, dans le studio, les trois candidats doivent orienter Philippe pour qu'il puisse trouver les trésors grâce à des guides ou

49

des cartes géographiques. Naturellement, on ajoute un peu de suspens avec une liaison radio parfois difficile entre les candidats et l'hélicoptère de Dieuleveult. Tous les ingrédients sont réunis pour faire frissonner le public afin de maintenir le téléspectateur dans son fauteuil, au moins jusqu'à la fin de l'émission.

Philippe De Dieuleveult voit le jour le 4 juillet 1951 à Versailles, dans le département des Yvelines, mondialement connue pour son château ainsi que pour ses jardins, sites classés sous l'égide de l'UNESCO dans la liste du patrimoine mondial de l'humanité. La famille compte déjà 7 enfants. Philippe a le goût de l'aventure, c'est ainsi qu'il décide en 1971 avec son ami d'enfance, François Laurenceau, de partir à la conquête du Sahara à bord d'une Renault 4L. En 1975, Philippe De Dieuleveult appelé sous les drapeaux, effectue son service militaire au 1er Régiment de Chasseurs Parachutistes.

Il se marie ensuite avec Diane de Torquat, une descendante du corsaire Robert Surcouf, en 1977. Elle lui donnera trois enfants. Pourtant ses liens avec l'armée restent très fort. C'est ainsi que l'année de son mariage, son frère Jean, officier dans l'armée de terre, apprend par Philippe qu'il appartient à la Réserve Opérationnelle du Service Action (ROSA) sous le commandement de la direction des opérations de la Direction Générale de la Sécurité Extérieure (DGSE) au grade de capitaine. Peu de personnes étaient au courant hormis son épouse, naturellement, et son père. Philippe de Dieuleveult ne se situe pas comme un combattant, il ne veut tuer personne. Il se considère comme un patriote qui sert son pays sur le plan économique.

En 1977, Philippe de Dieuleveult commence sa carrière de reporter pour « La course autour du monde » de la chaîne FR3, devenue France 3. Il devient caméraman pigiste à Antenne 2, et part en reportage aux quatre coins du monde, accompagne des livraisons de médicaments pour Médecins sans frontières. Un jour d'octobre 1980, la notoriété frappe à sa porte : il est contacté pour devenir l'animateur de « La Chasse aux trésors ». Quatre années durant, il va courir contre le chrono pour découvrir les trésors cachés par les producteurs un peu partout sur la planète.

Philippe de Dieuleveult aime prendre des risques, à la recherche perpétuelle d'une adrénaline qui le force à aller plus loin dans l'aventure. Pourtant en 1980, il frôle la mort en voulant s'approcher d'un peu trop près, durant une mer agitée, du Fort Boyard situé entre l'île d'Aix au nord-est, l'île d'Oléron au sud-ouest, avec l'île Madame au sud-est et l'île de Ré au nord-ouest, situées dans le département de la Charente-Maritime. Philippe De Dieuleveult va frôler la noyade et reste coincé durant trois longues heures. Il ne doit son salut qu'à un sauvetage par hélicoptère. La légende veut que ce soit la détermination du journaliste et ce goût de l'aventure dans un lieu emblématique qui donna l'idée à Jacques Antoine, le créateur de « La chasse aux trésors », d'une idée nouvelle pour mettre au point un nouveau jeu, « Fort Boyard ».

En 1984, malgré l'énorme succès de l'émission, Philippe décide de ranger définitivement son célèbre équipement rouge. La centaine d'émissions réalisée le tien éloigné de sa famille et Dieuleveult souhaite plus de moyens pour réaliser ses émissions, notamment un deuxième hélicoptère équipé d'une caméra, afin de suivre l'équipe et rendre ainsi l'aventure plus palpitante. Devant le refus de la chaîne, motivé par des contraintes budgétaires, il se tourne vers d'autres horizons. De père et mari absent, il se rapproche de sa famille et prépare de nouveaux projets. Il enregistre en 1984 un disque pendant les jeux olympiques de Los Angeles et publie son livre autobiographique intitulé « J'ai du ciel bleu dans mon passeport », aux éditions Grasset, qui devient un best-seller vendu à plus de 300 000 exemplaires.

En 1985, Philippe De Dieuleveult participe à une expédition baptisée « Africa-Raft » qui a pour objet une descente du fleuve Zaïre, simplement équipé de deux radeaux pneumatiques en compagnie de six membres d'équipage. L'aventure risque d'être palpitante, le fleuve Zaïre est le deuxième fleuve du monde après l'Amazone avec un débit proche des 50 000 m3/seconde. Faute d'autorisation de certains États, le départ est donné du lac Tanganyika, au Burundi, jusqu'à l'embouchure du fleuve Zaïre à Banana, sur l'Atlantique. Un périple par les voies fluviales de plus de trois mille kilomètres pendant l'été.

C'est un ancien pilote d'Air Zaïre, André Hérault, qui convie Philippe de Dieuleveult à faire partie de cette aventure. Premièrement pour sa bonne condition physique mais également pour la notoriété qu'il doit à son émission. Philippe voudrait filmer cette aventure pour en faire un grand documentaire. C'est un défi inédit, tant sur le plan sportif que sur le plan humain. La préparation commence dès 1984, elle va durer une année. Le célèbre marin, Gérard D'Aboville, apporte son aide pour la construction des embarcations. Il y a deux rafts, le « Godelieve » et le « Françoise » de 8 mètres de long et 80 centimètres de diamètre. Le tout pesant environ 100 kilos.

Pour la puissance nécessaire à un tel périple sont prévus deux moteurs hors-bord et 5 réservoirs de 50 litres d'essence pour chacune des embarcations. On y ajoute 100 litres d'eau et des rations pour pouvoir se nourrir durant un mois. Afin d'alimenter les postes de radios militaires insubmersibles, des panneaux solaires sont fixés sur les rafts. Il faut une puissance importante pour pouvoir communiquer à 50 ou 70 kilomètres de distance entre les bateaux lorsque la zone est dégagée. D'autre part, ces radios peuvent également capter des appels émis de la France. Le soir, une fois le bivouac installé, les participants pourront émettre vers la France. Début juin 1985, toute l'équipe débarque à Bujumbura, la capitale du Burundi. Sur place les carabines 22 Long Rifle sont confisquées par les autorités locales, seules les caméras sont laissées à l'équipage.

Pourtant plusieurs formalités administratives doivent encore être effectuées pour embarquer pour le Zaïre. Ce n'est que début juillet que les participants peuvent enfin commencer leur aventure avec les pavillons français et zaïrois flottant à l'arrière des rafts. Six personnes se trouve sur le « Godelieve » : André Hérault le chef de l'expédition, Gérard d'Aboville le concepteur des rafts, Benoît Dabout le spécialiste rafteur, Lucien Blockmans à l'intendance, Richard Jeannelle, le photographe, et Guy Collette. Sur le « Françoise », cinq personnes : Alain Angelini le responsable technique, François Laurenceau, le médecin, Thierry Sadoun l'organisateur et trésorier, Marc Gurnaud, le responsable radio et image, et enfin Philippe de Dieuleveult le reporter-aventurier.

L'aventure promet d'être palpitante en commençant par la descente du lac d'eau douce, le Tanganyika, d'une longueur de 600 kilomètres et 70 kilomètres de large. Une fois la rive zaïroise atteinte, direction la rivière Lukuga d'une longueur de 300 kilomètres pour atteindre le Zaïre leur destination. Les autorités ont fait part de leur inquiétude quant à la participation de Guy Colette à l'expédition. C'est un entrepreneur belge qui réside à Bujumbura. Selon eux, Colette serait en contact avec des agents secrets libyens. Pour eux, Guy est un agent infiltré, c'est pour cette raison que l'expédition « Africa-Raft » est placée sous surveillance.

Les embarcations ne sont composées que d'un seul spécialiste du rafting, Benoît Dabout, pour cette traversée à haut risque. De plus, il quittera l'aventure après la traversée du lac Tanganyika. Avec le temps perdu à Bujumbura, ce soit trois autres hommes qui rentrent en France, prétextant des impératifs personnels : Richard Jeannelle, Gérard d'Aboville et Thierry Sadoun. Après le passage des « portes de l'enfer », des chutes sur la Lualaba à quelques kilomètres en aval de la ville de Kongolo, qui sont réputées infranchissables, c'est Marc Gurnaud qui abandonne l'équipe à son tour pour des raisons professionnelles.

Philippe De Dieuleveult l'accompagne à Paris, le temps d'un aller-retour pour voir son épouse qui attend leur troisième enfant. Il se promet de rejoindre le reste de l'équipe à Kinshasa, mais veut assister à l'heureux événement. D'ailleurs, aucun des membres des équipages ne lui reproche cette pause dans l'aventure. Durant cette permission, Philippe rencontre Christian Prouteau, chef de la cellule antiterroriste de l'Elysée et fondateur du Groupe d'Intervention de la Gendarmerie Nationale (GIGN) en 1974. C'est d'ailleurs lui, en 1982 et à la demande du président de la République, François Mitterrand, qui va constituer le Groupe de Sécurité de la Présidence de la République (GSPR). Philippe rencontre aussi l'amiral Lacoste, patron de la DGSE. Selon Christian Prouteau, Philippe voulait s'entretenir avec lui d'un projet qui lui tenait à cœur : un projet de film sur le GIGN.

C'est également lors de cette rencontre que Philippe demande à Christian Prouteau de lui procurer des moyens radios légers et des carabines, types de survie, de calibre 22 Long Rifles confisquées à Bujumbura. On ne saura jamais pour quelles raison Philippe avait besoin de ces armes pour son expédition. Dieuleveult parait soucieux et tendu, beaucoup plus que d'ordinaire. Enfin, il reprend la direction du fleuve Zaïre sans attendre que sa femme mette au monde leur dernier bébé.

Il est nécessaire, pour recadrer une partie du contexte, de préciser que c'est durant cette année 1985 que les services secrets français sont victimes d'opérations de déstabilisation. En effet, le Président de la République est confronté à un dilemme. L'organisation écologique Greenpeace s'oppose aux essais nucléaires souterrains qui sont réalisés en Polynésie française sous les lagons des atolls de Mururoa et Fangataufa. Renseigné heure par heure par les services secrets, le Président n'a pas d'autre choix que d'ordonner le 10 juillet 1985 la destruction du bateau du mouvement, le Rainbow

Warrior, alors que celui-ci est à quai à Auckland en Nouvelle-Zélande. Même si l'objectif principal est de protéger la campagne des tirs nucléaires, il y aura tout de même un dommage collatéral. En effet, deux plongeurs des services secrets posent deux charges explosives sur le bateau, une de faible intensité pour encourager l'équipage à partir, une seconde plus forte pour la destruction. Fernando Pereira, le photographe de l'équipage, va retourner chercher son matériel après la première détonation, sa mort va créer une crise politique majeure.

Outre la démission de Charles Hernu, alors ministre de la Défense, l'amiral Pierre Lacoste, patron de la DGSE, est limogé. A l'est du Burundi, de fortes tensions politiques apparaissent. Déjà, au mois de mai 1985, le colonel libyen Mouammar Kadhafi, qui après un coup d'Etat le 1er septembre 1960, devient en 1969, à l'âge de 27 ans, chef de l'État en qualité de président du Conseil de Commandement de la Révolution (CCR), s'est déplacé à Bujumbura pour la construction d'une imposante mosquée. C'est durant cette visite qu'il tient des propos menaçants envers le président Mobutu. Ce dernier répond à la provocation libyenne par un niveau d'alerte maximale dans le pays.

En Angola, toujours en 1985, Mobutu craint une invasion de rebelles à la frontière. Beaucoup de pays aident de manière « officieuse » à conserver leurs intérêts économiques présents dans le pays, notamment pétroliers. Ainsi la Centrale Intelligence

Agency (CIA, agence centrale de renseignement), est présente, mais également le contre-espionnage soviétique et naturellement la DGSE. Il faut préciser que la société multinationale pétrolière Elf a de nombreux intérêts dans le pays. Il faut donc être très prudent avec le président Mobutu, aussi appelé le « Léopard du Zaïre », qui croit beaucoup aux services de renseignements. Ils sont la clé de la longévité et de la stabilité de ce régime totalitaire mis en place à son arrivée par un coup d'État en 1965, avec le soutien de la CIA.

C'est le 6 août 1985 que la radio de Philippe De Dieuleveut cesse d'émettre. Il disparaît aux environs du barrage d'Inga. Parmi les participants, deux personnes, François Laurenceau et Jean-Louis Amblard ne participent pas à cette descente. D'après eux les rapides d'Inga sont beaucoup trop dangereux. Le matin de la tragédie, les deux participants sont restés sur l'Île aux Hippopotames. Malgré les recherches, aucune trace des autres membres et de Philippe. Ils restent introuvables. Plusieurs hypothèses sont données même si, dans un premier temps, l'accident et la noyade semblent être les plus probables. On pense l'affaire résolue, alors qu'elle ne fait que commencer.

Peu de temps avant la disparition de l'expédition Africa-Raft, un message de la DGSE informe les services secrets zaïrois de l'imminence d'une attaque du barrage d'Inga par l'armée angolaise. Cette dernière sera soutenue par les forces cubaines et russes. Un mouvement d'opposants dans la région avait déjà fait plusieurs tentatives d'attaques contre le barrage hydroélectrique et sur la ligne qui transportait le courant. Ils malmenaient les services zaïrois de Mobutu. Ce groupe caché, peu médiatisé, pouvait-il intéresser Philippe, le reporter. Désirait-il aller à leur rencontre et faire un coup médiatique, comme le supposera Christian Prouteau, patron de la sécurité de l'Élysée, sur les ondes de France Inter ?

Certains témoignages convergent. Les habitants et les pêcheurs ont observé d'importants mouvements de troupes, des convois militaires qui se dirigeaient vers la zone d'Inga, juste avant la disparition de Philippe de Dieuleveult. On est persuadé que la population zaïroise sait ce qu'il s'est passé. Des hommes blancs ont été interceptés par la Division Spéciale Présidentielle (DSP) de Mobutu, aux abords du fleuve. Durant l'opération, tous les accès ont été interdits aux civils.

Il s'est sans doute passé un fait grave. Toute trace de l'intervention militaire devait être effacée. Il est probable que les aventuriers de l'Africa-Raft ont été pris pour des rebelles au président zaïrois. Ce qui s'est passé ensuite ne reste qu'hypothèses. Car la version officielle donnée reste la noyade. Le 8 août 1985, le premier homme à survoler les rapides à la recherche des embarcations est le colonel de l'armée zaïroise, Pierre de Monmahou, de la 31ème brigade parachutiste, en compagnie de Jean-Paul

Orlando, un pilote d'avion. Pourtant, malgré plusieurs passages au-dessus du fleuve, aucune trace des aventuriers de « l'Africa-Raft ». Ce n'est que le lendemain, avec un nouveau survol de la zone, cette fois en hélicoptère, que l'embarcation de Philippe, « le Françoise », est retrouvée intacte près du terrain d'aviation. Le matériel embarqué a, quant à lui, disparu. L'antenne Thomson comporte à sa base une partie fragile en céramique. L'ensemble en parfait état prouve que le raft « Françoise » ne s'est pas retourné et qu'il a bien accosté.

Quant à l'autre embarcation, le « Godelieve », il est retrouvé plus en amont, le lendemain, proche des Îles aux Hippopotames. Le bateau est totalement dépecé, posé à même les rochers, les boudins ont disparu. Seules les armatures métalliques sont restées. Ce qu'il reste est une épave. On récupère les deux bateaux par hélitreuillage pour les apporter à Kinshasa. C'est une fois sur place qu'on annonce officiellement la disparition des sept membres de l'expédition.

Plusieurs affaires ayant appartenu aux membres des équipages sont retrouvées dans les villages des alentours, comme les moteurs et plusieurs sacs jaunes. Mais impossible de reconstituer le « Godelieve », trop de morceaux sont manquants. Le matériel vidéo, quant à lui, sera retrouvé près de l'aéroport d'Inga sur une plage de sable blanc. L'expédition « Africa Raft » ne donne plus de nouvelles depuis plusieurs jours, Philippe et les six participants du raft « Françoise » semblent avoir disparu. La thèse officielle zaïroise parle d'un chavirement, de corps sans doute coincés sous des rochers avant d'être dévorés par des crocodiles. Pour le gouvernement français, c'est surtout la disparition de la star de l'émission « La chasse aux trésors », Philippe de Dieuleveult, qui pose un problème et qui devient une affaire d'État.

La thèse de la noyade est défendue par le président Mobutu, avant d'être relayée par le gouvernement français par la voix de son ministre des Affaires étrangères, Roland Dumas. Au début du mois d'août 1985, Diane, la femme de Philippe se repose chez sa belle-mère au calme, l'accouchement est imminent. Dès qu'elle est informée de la nouvelle de la disparition de son mari, elle sent instinctivement qu'elle ne reverra plus jamais son époux. Jean, le frère de Philippe, n'apprend la nouvelle que tardivement depuis son poste à Riyad où il est en mission. Il appelle sa femme qui lui confirme que son frère et les autres membres de la mission ont disparu depuis le 6 août 1985.

Après avoir téléphoné à sa belle-sœur Diane, Jean envisage de demander l'autorisation de se rendre au Zaïre. Pour lui l'affaire n'est pas aussi nette qu'elle en a l'air. Il connaît le courage et l'endurance physique de son frère, cela n'a pas pu se passer comme ça ! Contre l'avis de Diane, il fait sa demande de permission. Elle est acceptée par l'Etat-major. Le 23 août 1985 au matin, Jean atterrit au Congo sur l'aéroport Maya-Maya de Brazzaville. Placé en mission contre son gré, alors qu'il devait être en permission privée, Jean est accompagné par Xavier sur les bords du fleuve. Ils empruntent une embarcation pour se rendre au Zaïre une fois les formalités douanières effectuées. Jean se rend bien compte qu'il n'est pas le bienvenu.

Jean ainsi que Xavier et Max, deux amis de son frère Philippe qui ont tenu à l'accompagner, sont reçus par le vice-consul de l'ambassades Michel Dupin. Les traits tirés, le diplomate semble préoccupé et en manque de sommeil. Il demande aux hommes de lui donner leurs passeports. Jean de Dieuleveult, en sa qualité de commandant actif de l'armée française, s'insurge contre cette demande. Il souligne qu'il est juste venu à la recherche de son frère Philippe, capitaine de réserve. Il est accompagné de Xavier, médecin militaire et officier, et de Max, un ancien militaire. Rien n'y fait, le vice-consul confisque les passeports.

Les trois hommes ont la possibilité toutefois de se rendre au-dessus du fleuve où « l'accident » aurait eu lieu. Les militaires sur place présentent déjà leurs condoléances à Jean, alors que les corps n'ont toujours pas été retrouvés. A la demande de Jean, les militaires acceptent toutefois de se livrer à une expérience, le largage de barils rempli de 80 kilos de sable entourés d'un gilet de sauvetage, à proximité de l'endroit où le retournement des embarcations aurait pu avoir lieu. Contre toute attente, même à travers les rapides dangereux du fleuve, les barils flottent encore. Il est donc difficile de croire que les corps ne pouvaient être retrouvés. Une fois cette expérience réalisée, ils retournent en France, convaincus que la thèse de la noyade a du plomb dans l'aile. Ils atterrissent à Roissy le 30 août 1985.

Après avoir raconté leur séjour et leur expérience aux parents, accompagnés de Chantal, l'épouse de Philippe, Hugues son frère, quelques proches intimes et Diane, la famille Dieuleveult est unanime : le mensonge et la manipulation de la vérité sont très perceptibles. Il s'est forcément passé quelque chose de grave au Zaïre. Ils entendent bien se battre pour découvrir la vérité. Les derniers jours de Jean, en France, avant de rejoindre Ryad, sont rythmés par des rendez-vous administratifs. C'est une semaine après la disparition de son mari que Diane donne naissance à leur troisième enfant, une petite fille qu'elle appelle Anaïd.

Jean apprend également qu'un corps identifié comme étant celui de l'entrepreneur belge, Guy Colette, a été retrouvé le 19 août 1985 près de Boma. Son identification n'a été possible qu'avec sa chaîne, remise à son épouse. Aucune autopsie n'est demandée et la famille de Guy ne verra jamais la dépouille. Le corps est rapatrié dans un cercueil plombé et inhumé en Belgique. En 2001 toutefois, à la demande d'un juge d'instruction, le corps sera exhumé et une recherche ADN effectuée. Les conclusions sont sans appel, il s'agit bien du corps de Guy Colette. L'affaire concernant l'entrepreneur belge est définitivement classée.

Le 6 septembre 1985, des pêcheurs récupèrent un corps près de la rivière Mpozo au Zaïre. Ils décident de l'acheminer vers l'hôpital de Matadi. Le corps a la particularité d'être totalement nu, sans mains, sans l'extrémité des pieds, sans tête et sans organe sexuel externe. On estime la taille à 1,75 mètre. La mort est sans doute due à une noyade. Le cadavre est ensuite transporté à l'hôpital de Kinshasa. Lorsque le vice-consul est averti de la découverte, il demande immédiatement au médecin légiste de procéder à une identification. Mais sans visage ni empreinte, la démarche risque d'être compliquée. Lorsque Jean entend la nouvelle aux informations, il déclare à son épouse : « Tu vas voir qu'ils vont nous dire qu'il s'agit du corps de Philippe ! ». C'est alors que, curieusement, on demande au médecin militaire Marc, des détails sur la morphologie de Philippe, comme si on allait à la pêche aux informations pour concrétiser une identification. Jean décide toutefois de collaborer, on ne sait jamais.

Quelques jours plus tard, le corps est identifié comme étant celui de Philippe de Dieuleveult, se basant sur le fait qu'il était le plus petit des membres de l'expédition. La taille correspond, il est sportif, une musculature d'athlète. Ce corps mutilé, sans tête ni membres, serait celui de Philippe. Jean doit désormais avertir la famille. Pourtant, au fond de lui il n'est pas totalement convaincu, il a besoin de plus d'éléments pour croire en la mort de son frère. Il décide dès le lendemain d'appeler le Vice-consul Dupin, pour exiger plus de détails et lire le rapport d'autopsie effectué à Kinshasa avant d'enterrer Philippe une bonne fois pour toutes.

Le rapport d'autopsie du médecin légiste Nzuzi Ntula est communiqué à Jean. Diane informe Chantal qu'elle se trouve apaisée et accepte que ce corps puisse être celui de son époux. Pourtant Jean reste perplexe après la lecture de ce rapport. Il décide d'envoyer un nouveau télégramme au vice-consul Dupin pour lui faire part de ses doutes et demander qu'en l'attente de nouvelles investigations, l'identité supposée du corps retrouvé ne soit pas dévoilée. La réponse ne se fait pas attendre. Le consulat répond en insistant sur les éléments morphologiques communiqués par l'ambassade de France pour authentifier le corps de Philippe De Dieuleveult. Il n'est pas envisagé de procéder à de nouvelles investigations.

Jean ne veut toujours pas accepter ce corps comme étant celui de son frère. Il décide de se battre pour obtenir une contre-autopsie. Jean s'adresse alors à un grand avocat pénaliste, Jacques Trémolet de Villers pour défendre son idée et celle de la famille. Patrice Franceschi, l'aventurier rencontré à Matadi, et Michel Dupin, le vice-consul de France à Kinshasa, restent persuadés que ce corps est bien celui de Philippe de Dieuleveult. Pour Diane, se retrouvant seule avec trois enfants, le combat parait trop difficile. Elle est fatiguée, il y a plus d'un mois que son mari a disparu et les articles et insinuations incessantes d'une presse à sensation sont omniprésents.

Ce sont deux médecins, le docteur Deponge et le docteur Martin de l'Institut Médico-Légal (IML) de Paris, qui sont désigné par le substitut du procureur pour pratiquer la contre-autopsie du corps retrouvé. L'ordre est donné de rapatrier le corps en France où il arrive le 24 septembre 1985. Le rapport d'autopsie, terminé le 10 octobre 1985 est sans appel : « Le corps n° 2746 et les radiographies de Philippe de Dieuleveult a permis d'exclure formellement que le corps qui nous a été présenté soit celui de Philippe de Dieuleveult ». À la suite de la contre-autopsie réalisée à l'IML de Paris, le procureur de la République écrit au ministre des Relations extérieures en précisant notamment que ce faux cadavre, présenté volontairement comme le corps de Philippe, est la preuve flagrante d'une tentative de manipulation sur la famille Dieuleveult.

Lors d'une visite à sa belle-sœur Diane, Jean constate un changement dans son attitude. Diane se met à l'écart des démarches familiales mais veut continuer d'être au courant. Elle a pris un nouvel avocat, maître Jean Lafon, proche de Roland

Dumas, ministre des Affaires étrangères qui connaît bien les affaires militaires. Jean de Dieuleveult considère qu'il doit garder son avocat, maître Trémolet de Villers, pour garantir une certaine indépendance. En décembre 1986, l'année suivant la disparition de Philippe, Diane reçoit de la mairie de Viroflay un avis de décès. Philippe de Dieuleveult est décédé le 6 août 1985, sur le fleuve Zaïre, en aval de Kinshasa.

De son côté, Diane se voit proposer un travail dans l'association « France Liberté » qui est présidée par Danielle Mitterrand, épouse du chef de l'État, avec un emploi à Europe 1, chez Jean-Pierre Elkabbach. On lui accorde même un appartement de la ville de Paris. Aucun des membres de la famille de Dieuleveult ne la blâme, comprenant son désarroi. Petit à petit, Diane ne s'oppose plus, sur les « conseils » de son avocat, à la thèse officielle de la noyade de son mari. Elle accepte le silence. Les relations entre Diane et Jean se tendent. Les années passent, le mystère reste entier. Plusieurs voyages au Zaïre ont lieu, dont l'un avec Diane, à l'invitation du président Mobutu. Plusieurs articles et tentatives de désinformation sont émis pour laisser croire que Philippe de Dieuleveult était vivant. Jusqu'au jour où une bombe médiatique éclate.

En 1994 Okito Bene-Bene, un ancien officier des services secrets zaïrois, publie un livre intitulé « J'ai vu mourir Philippe de Dieuleveult » aux éditions Michel Lafon. Il déclare, en apportant les preuves, que ce dernier a été assassiné. Selon Okito, le journaliste a été soupçonné d'espionnage par le pouvoir en place et n'a jamais demandé d'autorisation pour pénétrer sur le territoire zaïrois. Arrêté et mis au cachot, il a été exécuté par des soldats en compagnie des quatre autres compagnons, le 9 août 1985, après avoir subi des heures d'interrogatoires sous la torture. L'hypothèse de Benne-Benne ne repose naturellement que sur son témoignage. Aujourd'hui, Okito est décédé après avoir exilé en Belgique.

Le premier qui réagit à ce livre est maître Lafon sur la chaîne Antenne 2 (France 2) qui déplore les propos de cet ancien officier zaïrois après tout le travail réalisé sur place pour tenter de connaître la vérité. L'avocat déclare : « Nous nous sommes fait définitivement une opinion, il s'agit d'une noyade affreuse ». Jean de Dieuleveult, quant à lui, déposera une plainte contre X, pour meurtre. Plainte à laquelle Diane ne va pas s'associer. Pour ce qui est de l'enquête diligentée après ces déclarations fracassantes, la police judiciaire n'a pas jugé utile de se procurer les rapports de police et de gendarmerie zaïroises, pas plus que de se rapprocher de Okito Bene-Bene afin d'obtenir les originaux des procès-verbaux d'interrogatoire qu'il a reproduits dans son livre.

Okito Bene Bene, rencontre Jean de Dieuleveult en Belgique, répétant ce qu'il a décrit dans son livre, à savoir l'assassinat de Philippe son frère, sur ordre.

L'officier zaïrois a ainsi constaté la mort de deux hommes, André Hérault, le chef de l'expédition, et Richard Jeannelle, le photographe de Paris Match, tués de plusieurs balles. Cinq autres personnes étaient encore vivantes dont Lucien Blockmans, blessé au niveau de l'épaule, qui décédera faute de soin. Quant à Alain Angelini, Nelson Bastos, Guy Collette et Philippe de Dieuleveult, ils sont abattus par la Division Spéciale Présidentielle (DSP) le 8 août 1985. Jean est persuadé qu'Okito détient la vérité. Il possédait des détails que seul Philippe aurait pu lui révéler.

En octobre 2008, la journaliste Anna Miquel écrit un article qui est le résultat de son enquête après plusieurs voyages au Zaïre. « Les crocodiles du Zaïre » conforte l'hypothèse de l'ex-agent des services secrets. Selon la journaliste, Philippe de Dieuleveult a été interrogé le 8 août 1985 par un officier de la division spéciale présidentielle, appelée le DSP, dans la ville de Kinshasa. Cet officier est attaché à la garde personnelle de l'ex-dictateur Mobutu Sese Seko. Elle entre en possession du procès-verbal d'audition de Philippe de Dieuleveult, à l'en-tête de la DSP, où figure en dessous la mention « pro-justicia ». Le document est signé du comparant, authentifié par son frère Jean, et de celle du major « K » chef des opérations. Le frère du journaliste décide à ce moment-là de saisir le procureur, afin qu'une enquête soit ouverte sur la disparition de Philippe. Les policiers vont conclure à un faux où la signature de Philippe de Dieuleveult a été scannée et recouverte à l'encre.

Aujourd'hui encore, le mystère demeure sur la disparition de Philippe de Dieuleveult, entre la thèse officielle de la noyade et la bavure supposée zaïroise. Saura-t-on un jour la vérité ? Et qui plus est, pourrons-nous être capable de l'écouter ? Rien n'est si sûr. Souvenons-nous surtout du reporter, du journaliste, du formidable aventurier qu'il était et qui a fait rêver des millions de Français avec ses émissions. Quant à cette terrible vérité, ne la doit-on pas surtout à sa famille ?

1988 – Dino SCALA

Cette histoire commence à Erquelinnes, le 26 février 2018, dans une commune francophone de Belgique située en Région wallonne. Dans le commissariat, les policiers sont fortement occupés, ils s'apprêtent à appréhender un dangereux criminel après l'avoir repéré sur les caméras installées dans le village. L'homme est pris en filature alors qu'il sort de chez lui au petit matin.

Son véhicule s'arrête après quelques kilomètres, son conducteur est arrêté sans opposer la moindre résistance. Si les enquêteurs ont vu juste, cette interpellation va mettre fin à l'une des plus longues enquêtes de violeur en série que la France a connu. C'est une arrestation attendue depuis près de 20 ans par les victimes de cet homme qu'on a surnommé « le violeur de la Sambre », côté français, ou « le violeur à la cordelette » côté belge.

En octobre 2002 à Bachant, une commune située dans le département du Nord, près de Maubeuge, une région ouvrière située près de la frontière belge, chez les « ch'tis ». C'est une région au grand passé industriel avec des usines de sidérurgie, de métallurgie ou de céramique le long de La Sambre, une rivière franco-belge, affluent de la Meuse, de 190 km de long. Blandine Carpentier, âgée de 13 ans, est une jeune adolescence qui cherche encore son identité. Comme beaucoup d'enfants de son âge, elle est à la fois rebelle et gentille. Comme ses copines, Blandine effectue un long chemin à pied pour se rendre à l'école.

De l'arrêt au centre de Bachant, le bus emmène les élèves au collège Pablo Picasso, à Aulnoye-Aymeries, située dans le sud du bassin de la Sambre. Mais ce jour d'octobre 2002, après une dispute avec son amie, le destin de Blandine bascule. Les deux filles décident de ne plus se parler, Blandine se rend donc seule au collège à travers un petit chemin de campagne qui relie la commune à l'établissement scolaire, sans passer par la grande route. Blandine connaît bien ces petits chemins et ne se méfie pas lorsqu'elle aperçoit, devant elle, une voiture stationnée sur le bas-côté. Une portière s'ouvre, un homme court derrière la jeune fille et la précipite dans le fossé. D'une main, Blandine est maintenue, tandis que l'homme dont la braguette est ouverte, se masturbe sur elle. L'homme ne réussit pas à enlever le pantalon de la jeune fille, c'est sans doute ce qui l'a sauvée d'un possible viol. Faisant la morte après un cri, son agresseur s'enfuit.

Blandine n'a pas réussi à identifier le visage de l'homme, caché par un bonnet. Cependant un détail l'a frappée : son pull gris avec une ligne blanche. En état de choc, la jeune fille ne se rend pas à la police mais poursuit son chemin vers l'école. Le pantalon est abimé, ses jambes sont tremblantes, son attitude surprend ses camarades dans la cour de l'établissement. Aussitôt, Blandine est emmenée à l'infirmerie. Après quelques questions, l'infirmière prend contact avec la police qui vient chercher la jeune fille. L'infirmière contacte également Fabienne, la mère qui est à son travail.

Fabienne rejoint immédiatement sa fille à l'hôpital de Maubeuge, une ville relativement importante des communes de l'ancien bassin minier. Blandine raconte avoir été violée, mais le médecin est perplexe car il n'y a pas eu pénétration. Fabienne fait comprendre au médecin que, pour elle, il n'y a aucune différence. Sa fille qui ne fait pas la différence entre un viol et une agression sexuelle a été attaquée par un pervers. La mère veut tout de même porter plainte et se rend au commissariat de son village. Les enquêteurs commencent leurs recherches afin d'identifier l'agresseur avant qu'il ne commette d'autres méfaits. Blandine regarde les portraits des individus connus pour des faits similaires. Le policier insiste auprès de la jeune fille pour lui signifier que l'homme qu'elle pourrait reconnaître risque de graves ennuis. La qualité de son témoignage est essentielle.

Par peur de se tromper et n'ayant pas vu le visage de son agresseur, Blandine ne reconnaît aucun portrait et ressent beaucoup de mal à raconter son histoire. Les enquêteurs commencent à douter. Avec l'attitude des policiers, Blandine a l'impression d'être « violée » une seconde fois. Durant une semaine, sa mère Fabienne est obligée de dormir avec sa fille qui fait des cauchemars. Elle lui donne des tranquillisants légers afin qu'elle puisse dormir un peu. Il faudra plusieurs semaines pour que le traumatisme de l'agression s'estompe peu à peu.

Les policiers continuent leur enquête mais sans conviction. Ils pensent que cela ne débouchera sur rien et pourtant, ils ne sont pas au bout de leurs surprises. A 10 kilomètres de Bachant, une autre affaire de viol secoue la ville de Louvroil. En septembre 2002, un mois avant l'agression de Blandine, une télévision régionale recueille le témoignage d'une employée municipale de Louvroil. Elle a été attaquée en arrivant sur son lieu de travail. Françoise déclare qu'un homme l'a jetée au sol, s'est couché sur elle avant de la relever, lui donnant l'ordre de se mettre à genou pour lui pratiquer une fellation. C'est le début d'une folle série noire. En quelques semaines, plusieurs victimes affluent au commissariat de Louvroil. C'est le cas aussi de Denise, attaquée tôt le matin par un inconnu. L'homme a dû être dérangé car il l'a jetée au sol et s'est enfui. La psychose s'empare de la ville.

Annick Mattighello, la maire de la ville, prend les choses en main. Elle fait redoubler les patrouilles et les contrôles mais s'insurge contre les autorités judiciaires qui ne veulent pas avertir la population. Elle décide alors d'organiser une conférence de presse pour solliciter les journalistes. L'élue n'a pas peur de prendre le « contre-pied » de tout le monde. Malgré les répercussions médiatiques, les policiers de Bachant ne font pas le lien avec les événements de Louvroil. Comme dans chaque cas, on pense qu'il s'agit d'une personne du coin, on décide d'élargir les recherches aux communes voisines et au canton.

Les agressions de Louvroil sont confiées à un autre service, celui de la police judiciaire de Lille, la capitale des Hauts-de-France. Les enquêteurs d'ailleurs, travaillent déjà sur une série d'agressions qui se sont déroulées dans la région de Maubeuge depuis 1996. Ils cherchent notamment l'agresseur de Clara Bernard. En 1997, cette jeune maman profite de son congé maternité à la maison. Quelques minutes après le départ de son mari, elle est attaquée par un inconnu qui s'est introduit par le garage. Elle décrit cet homme comme portant une cagoule et des gants. Ces deux détails figurent déjà dans les déclarations d'autres femmes agressées aux environ de Maubeuge. Les policiers retracent non pas un ou deux cas mais neuf affaires. Parmi ces affaires, des adolescentes et des femmes d'une cinquantaine d'années.

Les enquêteurs se demandent s'ils ont à faire à des viols sans liens ou à un violeur en série. Dans chaque dossier, ils découvrent que le visage du criminel est toujours masqué, mais cela reste un indice bien maigre. Il est vrai que la plupart des violeurs n'attaquent pas de face, il est donc difficile de penser qu'il s'agisse du même homme. L'enquête piétine jusqu'en 1997 où une nouvelle agression relance les investigations. Une femme déclare avoir réussi à retirer la cagoule d'un homme qui tentait de la violer. Aussitôt un portrait-robot est dressé, les enquêteurs reprennent espoir, ils ont enfin un visage.

Ce portrait représente un homme d'âge moyen sans signe distinctif, assez banal. Les policiers décident de le comparer à toutes les fiches des personnes connues pour agressions sexuelles. Aucun profil ne correspond. La justice française prend aussi une décision lourde de conséquence. Elle s'oppose à la diffusion du portrait-robot dans les médias, afin, selon elle, ne pas créer de psychose dans le secteur. A la recherche de nouveaux indices, les enquêteurs passent à la loupe le mode opératoire (modus operandi) des viols. Ce qui les surprend, c'est l'horaire plutôt inhabituel des agressions. Entre

06h00 et 08h00 du matin, le plus souvent en hiver où l'obscurité est la plus présente. Ce qui conforte l'hypothèse d'un même homme qui s'attaque aux femmes et jeunes filles seules chez elle ou sur des chemins isolés.

Les viols sont souvent commis à l'écart des grands axes. Le criminel repère ses victimes près des abris-bus. Les policiers réussissent aussi à comprendre la technique d'attaque du prédateur. Il arrive par derrière, toujours caché par un bonnet, une écharpe, avec des gants et une cordelette. Il entraîne ses victimes vers les abords des voies ferrées. Il attache les mains avec la cordelette, il menace avec un couteau, afin de les conditionner et les forcer à se tenir tranquille. En réétudiant les dossiers, ils tombent sur un autre élément caractéristique de l'agresseur : son odeur.

Plusieurs victimes vont parler d'une odeur de pourriture, comme des œufs pourris ou un produit industriel, mais pas corporelle. L'agresseur porte peut-être une combinaison utilisée dans une usine ? Il y en a beaucoup dans la région de Maubeuge, mais malgré tous ces éléments, l'enquête piétine. Il faudra attendre les progrès de la police scientifique pour relancer la piste du prédateur sexuel. En l'an 2000, quatre ans se sont écoulés depuis les enquêtes de la Police Judiciaire (PJ) de Lille. Des avancées permettent de résoudre des enquêtes grâce à l'analyse des empreintes génétiques. La police décide alors de réexaminer toutes les traces

ADN relevées lors des viols. Au fil du temps, chaque trace est récoltée et conservée, même si aucune identité de son auteur n'est trouvée.

Afin de pouvoir continuer leur enquête, les enquêteurs transmettent leurs prélèvements au laboratoire scientifique de la police. L'enquête fait un bond en avant. Toutes les traces ADN appartiennent à la même personne. L'intuition de la police judiciaire était la bonne. Reste maintenant à mettre un nom sur ce violeur en série. Les empreintes sont soumises au Fichier national des empreintes génétiques (FNAEG), mais là encore ne correspondent à personne. Il est fort probable que l'homme ne possède pas de casier judiciaire ou est absent des bases de données. Malgré tous leurs efforts, les enquêteurs sont dans l'incapacité de le retrouver.

Il est possible que ce soit un habitant de l'un des villages, un père de famille respectable qui part chaque matin au travail. Et le plus souvent respecté de tous. Les policiers ne possédant pas de nouveaux éléments craignent qu'il repasse à l'action à tout moment. Malheureusement, les craintes seront justifiées. A la fin de l'année 2003, à Bachant, dans la commune où Blandine s'est fait agresser un an plus tôt, Charlotte a rendez-vous avec des amis dans un village voisin. Elle décide de s'y rendre à pied, à travers un petit chemin de campagne. Elle n'a pas conscience des risques qu'elle prend car un prédateur rode ce jour-là dans les environs et il passe à l'action. Charlotte hurle et donne des coups à son agresseur parvenant à le faire fuir. Immédiatement, elle dépose plainte au commissariat.

La tentative de viol rappelle aux policiers du village l'agression de Blandine. Le mode opératoire est semblable, ils tentent alors de rapprocher les deux dossiers. Toutefois, il leur manque des éléments pour conclure qu'il s'agit du même agresseur. En 2004, Blandine Carpentier est de nouveau convoquée par les policiers, mais pour elle c'est la douche froide. Après les troubles psychologiques qu'elle a subis, elle s'entend simplement dire que les policiers n'ont rien trouvé. La jeune fille et sa mère sont déçues. Blandine a le sentiment que les enquêteurs doutent toujours de ses déclarations.

Le commissariat, comme beaucoup en campagne, n'a pas de brigade des mœurs. Ce sont des endroits reculés pas toujours armés pour gérer ce genre de situation. Depuis plus de deux ans des femmes et jeunes adolescentes habitant les environs de Maubeuge se font agresser. Malgré les plaintes des unes et des autres, aucun rapprochement n'est effectué. À la police judiciaire de Lille, cependant, les policiers établissent des connexions. Ils regroupent plus de 15 affaires signalées dans la région et enquêtent discrètement. Ils ne veulent pas que le violeur se sente traqué. Aucune psychose n'est présente. Même les personnes qui ont déposé une plainte ignorent les autres affaires. Ce que la mère de Blandine ne sait pas c'est que les policiers ont découvert de nouveaux indices.

En examinant les lieux des agressions, un élément leur saute aux yeux. Elles ont toutes eu lieu près d'un cours d'eau. Les enquêteurs le baptisent « le violeur de la Sambre ». Les événements se situent toujours près ou à proximité de cette rivière frontalière dont une partie se situe en Belgique. Le dossier prend alors une dimension internationale. Erquelinnes en Belgique, village frontalier d'environ 9 000 habitants est apprécié pour ses bars animés. Beaucoup d'habitants français viennent s'y détendre sans s'apercevoir qu'ils ont changé de pays.

Au début des années 2000, rien à signaler dans cette commune belge, jusqu'à cette soirée de décembre 2004 où une adolescente est agressée et violée sur le chemin de l'école. C'est le début d'une série noire qui frappe le village. Une psychose s'installe : les jeunes filles entre 15 et 16 ans craignent d'aller prendre leur bus. A la télévision belge, une adolescente victime témoigne de son calvaire. Elle a été agressée par un homme qui l'a entraînée dans une petite cabane se trouvant sur le bord de la route à proximité de la Sambre. L'homme est armé d'un couteau, la jeune fille essaie de se débattre, mais l'homme lui place l'arme sous la gorge pour l'empêcher de bouger. En interrogeant les victimes, la police belge remarque un détail qui revient dans les différents témoignages. L'odeur de l'agresseur, de la graisse ou du cambouis qui les marque durant l'agression. Cela renforce l'hypothèse d'un violeur en série.

Les policiers décident alors d'avoir recours à une technique habituellement réservée aux grandes affaires criminelles, l'audition des victimes sous hypnose. Il semblerait que les victimes se souviennent mieux des faits lorsqu'elles y sont placées. Une première victime est convoquée au commissariat et ça fonctionne. Grâce à son témoignage, les policiers réussissent à dresser un portrait-robot très détaillé de son agresseur. Un homme entre 35 et 40 ans, de corpulence normale, avec un petit ventre. Méthodiquement, les policiers montrent le portrait-robot, publié aussi dans les médias locaux, à tous les habitants d'Erquelinnes, mais n'obtiennent aucun résultat. La déception est grande et les policiers se demandent comment réussir à résoudre cette série de viols. C'est alors qu'en 2006, par hasard, l'affaire connaît un rebondissement capital.

A l'automne 2006, les policiers belges se rendent à Lille pour assister à une réunion de coopération des deux pays. Ce jour-là, les policiers font part des viols à répétition qui touchent Erquelinnes. Les policiers lillois s'aperçoivent que leurs homologues sont également à la recherche d'un prédateur sexuel. Les enquêteurs des deux pays sont troublés, auraient-ils affaire au même violeur ? Ils décident de comparer leurs indices respectifs. Même s'il y a plusieurs similitudes, les deux portrait-robots ne correspondent pas. Il y a donc un doute pour savoir s'il s'agit du même homme.

Les policiers belges convoquent à nouveau les victimes d'Erquelinnes, afin de leurs montrer le portrait-robot français. C'est le choc ! Les victimes reconnaissent formellement leur agresseur. Pour en être sûr les policiers belges transmettent quelques traces ADN recueillies. Le laboratoire scientifique confirme que les empreintes sont identiques. Les deux pays recherchent bien le même violeur. Immédiatement, les policiers belges lancent un nouvel appel à témoins. Les policiers fondent tous leurs espoirs sur cette large médiatisation afin de démasquer le violeur.

L'appel à témoins ne donne rien. Des deux côtés de la frontière, le mystère reste entier. Alors les policiers belges tentent le tout pour le tout. Ils recourent à Jean-Paul Donnay, un géoprofiler. En examinant les lieux, il délimite un secteur où pourrait habiter le violeur. Le professionnel examine autant les lieux des viols que les communes épargnées par le prédateur où il pourrait être connu. Il détermine ainsi une zone d'action privilégiée par l'agresseur. D'après le géoprofiler, l'auteur habite à moins de 10 kilomètres de la frontière. Il faut maintenant déterminer le pays où il vit. L'expert se livre alors à de nouveaux calculs en fonction des agressions. Selon lui, le violeur habite en France à côté de Maubeuge, Haumont, Pont sur Sambre ou Vieux-Mesnil. Les policiers estiment à 18 000 le nombre d'habitants du secteur où vivrait le violeur. Les moyens d'investigation manquent pour un tel travail, l'enquête est au point mort, même s'ils gardent secrets les précieux indices.

Les victimes vivent très mal que leur agresseur soit toujours en liberté. A Bachant, Blandine est angoissée dès qu'elle sort dans la rue. Clara, agressée aussi à son domicile, garde de nombreuses séquelles et ne se sent jamais en sécurité dans sa maison. Les victimes se demandent si leur agresseur sera un jour arrêté. En 2010, les enquêteurs constatent que le prédateur ne fait plus parler de lui. Aucune agression n'est signalée, même constat les années suivantes. Les jours passent. Ils se demandent comment ils pourront démasquer « le violeur de la Sambre », jusqu'à un ultime rebondissement.

Erquelinnes en 2018, voilà près de sept ans que les agressions ont pris fin. Jusqu'à ce jour de février où Jenifer, une adolescente de 16 ans, part à l'école aux environs de 07h00 du matin, sans se douter qu'elle est observée. La jeune fille habite en France mais est scolarisée en Belgique. Elle s'aperçoit qu'elle a raté son bus et prend un raccourci à travers les chemins de fer. Avec des écouteurs sur les oreilles, elle n'entend pas son agresseur arriver. L'homme parvient à l'éloigner dans un axe moins fréquenté par le passage d'éventuels témoins.

Jenifer se débat avec force ce qui oblige son agresseur à la lâcher. L'homme a sans doute pris peur car la gare est toute proche avec la fréquentation de ses habitués. La jeune fille se dirige immédiatement vers le commissariat de police.

Sa déposition est prise très au sérieux, car Jenifer a pu voir le visage de son agresseur. Elle décrit un homme chauve, bedonnant qui s'exprime avec un accent du nord de la France. Ses détails sur le mode opératoire font tout de suite penser au « violeur de la Sambre ». Dans les locaux de la police belge c'est l'effervescence. L'affaire est relancée mais cette fois l'agression a eu lieu non loin de la gare d'Erquelinnes, un secteur sous vidéosurveillance depuis deux ans, sous l'impulsion du maire de la ville.

Les caméras ont été installées pour repérer les nuisances occasionnées par les personnes qui pour faire la fête en Belgique, le soir ou le week-end, passent par le quartier de la gare, souvent bruyamment. La clé de l'énigme se trouve peut-être sur les bandes vidéo. Toutefois, le raccourci emprunté par la victime n'est pas couvert par les caméras. Mais les policiers ne s'avouent pas vaincus, ils décident d'observer plus précisément les véhicules présents sur le parking de la gare. Sans vraiment y croire, les enquêteurs regardent les véhicules qui viennent stationner un peu avant l'agression et qui repartent un peu après. Les policiers passent au crible tous les véhicules garés habituellement sur le parking et aux environs de la gare, ils sont interpellés par les déplacements étranges d'une voiture.

Il s'agit d'une petite berline immatriculée en France. Une étape importante dans leur enquête. Ce véhicule est arrivé peu avant l'agression et reparti peu après. Les enquêteurs n'ont pas la totalité de la plaque d'immatriculation, mais en ont une bonne partie et, surtout, reconnaissent le type de véhicule : une voiture de type Peugeot, cabossée sur l'avant-droit. Les policiers belges savent que la piste est mince, mais ils n'ont que celle-ci. Ils décident alors de solliciter leurs homologues français pour tenter d'identifier le véhicule.

Grâce aux détails fournis par la police belge, les enquêteurs français identifient rapidement le propriétaire du véhicule : un homme de 56 ans, sans antécédent judiciaire, marié, qui habite dans les environs de Maubeuge. Il s'appelle Dino Scala. Les policiers choisissent de ne pas l'interpeller directement, ils décident d'en savoir un peu plus sur cet homme et ses occupations. Ils découvrent que Scala travaille dans une usine utilisant des produits qui dégagent une forte odeur. Son travail consiste à l'entretien des machines. La particularité de cette entreprise est qu'elle est située à la frontière belge, entre Haumont et Erquelinnes. Ce qui interpelle également les gendarmes, c'est le village où il habite, Pont-sur-Sambre, sur le trajet de la rivière où ont été commises les agressions. Alors les enquêteurs reprennent le rapport du géoprofiler qui avait désigné la commune comme étant un lieu probable d'habitation du violeur.

Une autre similitude, la ressemblance entre Dino Scala et le portrait-robot. Alors pourrait-il être « le violeur de la Sambre » ? Il y a le lieu d'habitation, le lieu de travail, la proximité géographique avec les agressions, beaucoup d'éléments qui en font un suspect crédible. Mais, en fouillant dans sa vie, ils trouvent un homme apparemment sans histoire. Marié une première fois en 1987, il a eu deux enfants, un garçon et une fille. Il a divorcé et s'est remarié dix ans plus tard. Cette fois il a eu trois autres enfants. C'est un homme affable, agréable avec ses voisins, qui rend heureuse la femme qui partage sa vie. Il fait l'unanimité autour de lui comme étant un homme charmant et serviable.

D'après l'enquête de moralité faite dans son village, Dino Scala est un homme apprécié et respecté. Il est bénévole au sein de plusieurs associations sportives. Il a entraîné d'ailleurs le club de football de Pont-sur-Sambre durant des années. Là aussi, il est aimé et respecté. L'homme ne fait rien apparaître d'anormal, les enquêteurs se demandent s'ils ne font pas fausse route. Les policiers décident de ne pas l'arrêter immédiatement mais poursuivent leur surveillance quelques jours supplémentaires. L'homme sort avec des amis, se rend à un match de football, une vie tranquille qui ne laisse rien transparaître de particulier. Les enquêteurs décident d'accentuer leur surveillance, tôt le matin, aux mêmes heures que les viols.

Nous sommes le 20 février 2018. Installés dans leur véhicule, les policiers surveillent attentivement l'habitation du suspect. A 06h55, Dino Scala part à son travail. Un détail choquant, sa tenue vestimentaire correspond à la description faite par les victimes : blouson noir, un bonnet sur la tête et un cache-nez. Ces derniers détails bousculent les enquêteurs qui le prennent en filature mais ne veulent prendre aucun risque. En arrivant près d'un rond-point, à la faveur d'un ralentissement, ils décident de l'interpeller. Les policiers ouvrent la porte, se saisissent de l'homme qui n'oppose aucune résistance.

Ils fouillent la voiture et là, surprise, ils découvrent l'attirail du parfait violeur : couteau, préservatifs et cordelettes. Les policiers tiennent-il enfin « le violeur de la Sambre » ? Pour eux, il y a suffisamment d'éléments pour le placer en garde à vue. L'audition commence et l'atmosphère est tendue. Dino Scala n'est pas spontanément coopérant et déclare qu'il n'a rien à voir dans ces affaires. Les policiers déposent sur la table les indices trouvés dans son véhicule. Dino reste sur sa première ligne : ce n'est pas lui, point final. Devant son refus, les policiers changent de tactique. Ils lui prélèvent un échantillon d'ADN pour le comparer avec ceux retrouvés sur les lieux des agressions.

Dino Scala change d'attitude en entendant ADN. Il sait qu'il sera automatiquement confondu.

Après un moment d'hésitation, Dino Scala prend la parole. Il se livre sur le fait de s'être rendu quelques jours plus tôt à Erquelinnes, dans le but d'y commettre un viol. Il raconte qu'il n'en était pas à son coup d'essai. Il reconnaît tous les éléments qui lui sont présentés et au-delà des espérances. Il chiffre à 19 le nombre de ses agressions. Les policiers n'en reviennent pas, ils ont face à eux celui qu'on a surnommé « le violeur de la Sambre ». L'homme a d'autres révélations à faire, il déclare que les agressions ont commencé bien avant 1996 et le début de l'enquête. Dino Scala déclare aux enquêteurs que ses premières agressions ont commencé en 1988. Les policiers ressentent que l'homme avait besoin de se libérer de ce poids qu'il n'aurait jamais éliminé seul.

Dino Scala est mis en examen pour les faits de viols et d'agressions sexuelles aggravées. Quelques heures plus tard, les résultats ADN viennent confirmer les aveux qui font l'effet d'une bombe dans les médias français et belges. A Pont-sur-Sambre tout le village est sous le choc. Les voisins ont du mal à croire que l'homme au grand cœur est un dangereux prédateur. Ses collègues ou amis ne pouvaient le soupçonner, aussi bien par son attitude journalière que dans la gentillesse dont il faisait preuve tout au long de son investissement comme bénévole. Pourtant la population et les enquêteurs ne sont qu'au début d'une longue série de révélations.

A Bachant, l'arrestation de Dino Scala réveille de bien mauvais souvenirs à Blandine Carpentier. L'agression sexuelle qu'elle a subie en 2002 n'a toujours pas été résolue. En découvrant sur les réseaux sociaux cette arrestation, elle ne peut s'empêcher de faire le rapprochement avec son histoire. Blandine ressent comme un soulagement en lisant les détails du mode opératoire livré par la presse. Elle peut enfin mettre un nom sur son agresseur. Mais le chemin est encore long pour rouvrir son dossier et prouver que Scala est bien son agresseur.

A Louvroil c'est aussi le soulagement, en particulier pour Françoise, cette employée municipale qui avait été agressée en 2002 sur son lieu de travail. Les enquêteurs avaient bien établi un possible lien entre les différentes agressions, mais en 30 ans ils sont conscients également que d'autres affaires de viols ont pu leur échapper. Ils décident alors de consulter toutes les archives des différents commissariats, plaintes et main-courantes, afin de voir si d'autres affaires pourraient lui être rattachées. Après la révélation de l'affaire, la cellule est submergée d'appels téléphoniques et de courriers. De nombreuses femmes reconnaissent le profil de l'agresseur dont elles ont été victimes, ainsi que le mode opératoire. Un mois après l'arrestation de Dino Scala, les victimes se rencontrent au palais de justice d'Avesnes-sur-Helpe qui doit son nom à la région de l'Avesnois. Clara Bernard, agressée sexuellement en 1997, devient leur porte-parole.

Marquées à vie, toutes ces femmes doivent se replonger dans des souvenirs qu'elles auraient voulu effacer à vie. Reste, pour les enquêteurs, le mobile. Qu'est-ce qui a pu pousser un honnête père de famille à devenir un prédateur sexuel ? Dino Scala va parler de pulsions incontrôlables mais les psychiatres émettent des doutes sur le plaisir sexuel qu'il pouvait ressentir. Ils pensent qu'il éprouvait plus de plaisir par la situation de l'attaque qu'il commettait. Il continue, malgré ses aveux, d'être défendu par certains membres de sa famille.

Quatre mois après son inculpation, Dino Scala fait encore de nouvelles révélations. Il avoue 25 nouvelles agressions. Ce qui fait un total de 44. Le procès s'ouvre le 10 juin 2022 devant la cour d'assises du Nord. Dino Scala est reconnu coupable de 54 agressions sur les 56 présentées, dont 16 viols. Il est acquitté pour les deux autres faits. Le 1er juillet 2022, Dino Scala est condamné à 20 ans de réclusion criminelle avec une période de sûreté des deux tiers. Il fait appel mais décide d'y renoncer. Durant son incarcération, il suit un traitement psychiatrique important...

1989 – Thierry El BORGI Philippe SIAUVE Franck FEUERSTEIN & Thierry JAOUEN

Nous sommes le 30 mai 1989 à Toulouse, au sud-ouest de la France, la 4ème ville la plus peuplée de France. L'été approche et les terrasses des cafés, en bordure de la Garonne, sont bondées. Isabelle Rabou est âgée de 23 ans, c'est une jeune kinésithérapeute qui vient de terminer son remplacement dans un cabinet médical. Elle va donc passer une dernière soirée avec ses amis de la banlieue toulousaine, à Colomiers.

Il est un peu plus de minuit lorsqu'Isabelle prend son véhicule, une Opel Corsa blanche, pour rejoindre Agnès, une amie qui l'héberge pour la nuit. Le lendemain matin, son amie Agnès s'aperçoit qu'Isabelle n'est pas rentrée, la chambre qu'elle occupe est vide et elle n'a sans doute pas dormi là. Elle décide d'appeler Thierry Pujol, un ami commun avec qui elle avait passé la soirée d'hier, avec d'autres amis. Est-ce qu'Isabelle Rabou aurait changé d'avis pour rejoindre ses parents dans l'Aude ? un département dont le nom a été donné grâce au fleuve.

Le père contacté n'a aucune nouvelle de sa fille. Très inquiet, Louis Rabou se rend au Service Régionale de la Police Nationale (SRPJ) de Toulouse pour signaler la disparition de sa fille. Alors qu'il est dans les locaux de la police, son téléphone sonne, sa femme cherche à le joindre, c'est urgent. Son épouse restée au domicile au cas où Isabelle arriverait, a reçu un appel de la gendarmerie de Carcassonne. La voiture de leur fille a été retrouvée carbonisée. Des hommes de la Police Judiciaire (PJ) se rendent immédiatement sur place en compagnie de Louis Rabou.

C'est dans un endroit boisé, situé à une dizaine de kilomètres de Toulouse, transformé en décharge publique, que la voiture est retrouvée. Aucun doute, c'est bien le véhicule d'Isabelle, les plaques sont encore visibles, mais l'intérieur brûlé est vide, aucune trace de la jeune femme. Louis Rabou commence à parler de sa fille au passé, il est persuadé que quelque-chose de grave est arrivé. Avec la découverte de la voiture, l'affaire prend tout de suite une tournure dramatique. La disparition d'Isabelle fait la « une » des journaux régionaux. Le parquet de Toulouse ouvre une enquête judiciaire pour « incendie volontaire et séquestration ». Le SRPJ est saisi de l'enquête. Un avis de recherche est diffusé et les policiers passent au « peigne fin », l'endroit où a été retrouvée la voiture. Ça ne donne rien la jeune femme s'est comme volatilisée.

Une certitude, la voiture a été aspergée d'essence. L'affaire Rabou ne fait que commencer. Les enquêteurs commencent par les personnes de son entourage y compris les parents et procèdent ainsi par élimination. Les parents sont rapidement écartés de la liste des suspects, tout comme la piste de la fugue. Une jeune femme qui a une vie saine, sans jamais de souci, hébergée par une amie, Agnès, kinésithérapeute comme elle. D'autre part, la mise en scène pour se débarrasser de la voiture inquiète les enquêteurs. Les policiers retracent l'emploi du temps d'Isabelle. Ils font le trajet entre Colomiers et l'appartement où elle devait passer la nuit. Un trajet d'une dizaine de kilomètres sur lequel elle aurait pu faire une mauvaise rencontre.

Là encore, aucune piste, personne ne se souvient d'une jeune femme au volant d'une Opel Corsa blanche. La voiture calcinée est le seul indice, avec le lieu où elle a été découverte. Près de là, la célèbre base militaire de Toulouse, Francazal. Un immense complexe qui réunit d'un côté une base aérienne et de l'autre un régiment parachutiste de l'armée de terre, la Base Opérationnelle Mobile Aéroportée (BOMAP), créée le 1er octobre 1963 et dissoute le 1er juillet 1999. Et si, l'un des militaires était impliqué dans la disparition d'Isabelle ? Les policiers orientent leur enquête vers la base militaire qui se trouve la plus proche de l'endroit où le véhicule a été retrouvé.

La base est composée d'un côté d'aviateurs qui n'ont jamais vraiment fait parler d'eux, et de l'autre la base des parachutistes composée de professionnels engagés et d'appelés du contingent (En 1996, le président de la République Jacques Chirac, prend la décision de professionnaliser les armées et de suspendre le service national. Cette décision prend effet avec la loi no 97-1019 du 28 octobre 1997). Au niveau de la BOMAP, quelques « dérapages » ont déjà été signalés, bagarres dans les bars, vols de voitures, quelques différends entre militaires, des vols d'autoradio etc... Ce qui conforte les policiers dans leur orientation de l'affaire.

Zone militaire, la BOMAP est fermée aux civils. Les policiers ne peuvent pas y mener eux-mêmes leurs investigations et doivent saisir un service d'enquête militaire. C'est l'adjudant Robert Charrier de la Direction de la Protection et de la Sécurité de la Défense (DPSD) qui est chargé de cette mission. Immédiatement, l'adjudant met à disposition les moyens nécessaires aux policiers pour mener leurs investigations dans des relations de « voisinage ». Près de 800 dossiers sont épluchés parmi les appelés et militaires de carrière pour savoir si quelqu'un connaissait la victime où avait effectué des études dans le domaine médical ou de la kinésithérapie. Le tout sans informatique qui n'était pas encore présente, seulement avec les dossiers papiers.

L'enquête ne mène nulle part. Les policiers voudraient également vérifier l'emploi du temps des appelés le soir de la disparition d'Isabelle. Certains ont peut-être bénéficié d'un quartier libre pour rejoindre Toulouse et croisé la jeune femme. Mais voilà, du moment que l'appelé a fini son service et se trouve présent le lendemain correctement habillé et rasé, il est libre d'aller où il veut. Il n'y a pas de registre de sorties ni de registre d'entrées. Aucun moyen de savoir si un appelé s'est absenté ce soir-là. Toutefois, les policiers sont convaincus d'être sur la bonne piste et décident de mettre la base sous surveillance durant la nuit. Une dizaine de policiers se relaient notant les allées et venues, espérant aboutir sur un début de piste.

Les surveillances ne donnent rien, l'enquête s'enlise. Le 3 juillet 1989, cinq semaines après la disparition, un rebondissement a lieu. Un agriculteur découvre près du village de Saint-Lys, à une vingtaine de kilomètres de Toulouse, ce qui ressemble à un tas de vieux chiffons entassés dans un coin du champ de blé qu'il devait moissonner. Il examine le tas qui en fait est le corps d'une femme enterrée. Pétrifié, il prévient immédiatement la PJ de Toulouse. Des traces de pneus sont retrouvées dans le champ à proximité du corps. Grâce aux empreintes dentaires et aux bijoux retrouvés sur place, la victime est rapidement identifiée. Il s'agit bien d'Isabelle Rabou. L'inspecteur prévient tout de suite la famille.

L'autopsie est compliquée, le corps a séjourné durant 5 semaines dans un champ en plein été, en plein soleil. Toutefois, on constate une rupture de l'os hyoïde situé au-dessus du larynx, consécutif à une strangulation. La plupart des vêtements sont déchirés, avec des sous-vêtements et un pantalon baissé à mi-cuisse, ce qui fait penser à des violences sexuelles. Malgré tous ces éléments l'autopsie ne permet pas de donner des éléments précis sur la date de la mort.

De nouveau, les policiers sollicitent l'adjudant Charrier. Ils sont de plus en plus convaincus que les auteurs sont des soldats. Des investigations plus poussées sont menées, notamment sur le lieu de découverte du corps, afin de déterminer s'il est connu ou en lien avec un ou plusieurs militaires. Mais personne ne semble connaître le champ. Pour l'adjudant, les militaires n'ont rien à voir dans l'affaire, mais à la PJ on reste convaincu du contraire. Pour eux c'est bien à la BOMAP que se trouve la solution. Une seule façon d'y arriver : pénétrer dans la base et enquêter eux-mêmes. L'idée des policiers est de mener l'enquête au grand jour, circuler dans la base, poser des questions, pratiquer des perquisitions au hasard des investigations, se montrer pour provoquer l'adversaire. Mais la sécurité militaire ne partage pas cette stratégie. Les policiers doivent renoncer à leur idée de donner un « coup de pied dans la fourmilière » et doivent rester aux portes de la base militaire.

Le 12 juillet 1989, nous sommes 9 jours après la découverte du corps lorsque les policiers décident de lever le dispositif nocturne de surveillance de la base. Il n'y a plus aucune raison de le maintenir. Mais le lendemain 13 juillet, l'histoire se répète, une voiture calcinée est retrouvée près de la base de Francazal. Il est 11h00 du matin lorsqu'à la gendarmerie de Portet-sur-Garonne, un appel téléphonique les prévient de la découverte, à moins de 200 mètres de la voiture d'Isabelle Rabou. Deux corps entièrement calcinés à 80 ou 90% sont découverts à l'arrière de la voiture. L'Etat-major de la BOMAP apprend cette nouvelle découverte dans la presse. Les enquêteurs de la sécurité militaire commencent à se dire que les policiers étaient dans le vrai.

Le parquet de Toulouse décide de confier cette nouvelle affaire à des militaires, la Section de Recherches (SR) de la gendarmerie de Toulouse. Le meurtre d'Isabelle Rabou reste du ressort de la police. Les gendarmes s'affairent à résoudre la première énigme, identifier les deux victimes. La voiture Peugeot 205 dans laquelle elles ont été retrouvées est une voiture volée et aucune disparition suspecte n'a été enregistrée. L'autopsie n'apporte pas beaucoup d'éléments, les corps sont trop endommagés, on estime qu'il s'agit de deux femmes âgées sans doute d'une vingtaine d'années. Seuls indices, des bijoux retrouvés dont les photos sont largement diffusées dans la presse.

Impossible de savoir de quelle manière les jeunes femmes ont été tuées, si elles ont été victimes de viol avant où si elles ont été brûlées avant ou post-mortem. Les gendarmes convaincus eux-aussi que la piste remonte à la base de Francazal se rendent sur les lieux, avec un avantage non-négligeable. Ils sont un peu de la maison. L'enquête s'accélère. Dans la foulée, la base communique aux enquêteurs, les noms de deux appelés qui ont disparu. Le premier, Thierry El Borgi, âgé de 19 ans a quitté la base sans autorisation, le 13 juillet 1989. Le second, Philippe Siauve, âgé de 20 ans, est parti en permission pour le week-end après le défilé du 14 juillet à Muret, près de Toulouse. Depuis personne n'a revu ni l'un ni l'autre.

Le 17 juillet 1989, un avis de recherche est diffusé dans toute la France pour Thierry El Borgi et Philippe Siauve. Mais le lendemain, 18 juillet, une nouvelle affaire éclate dans le village de Saint-Romain-de-Jalionas dans le département de l'Isère, dont Philippe Siauve est originaire. Il est 06h00 du matin, Marcel Douzet âgé de 62 ans, un garde-chasse bénévole, entame sa tournée quotidienne. Sur sa mobylette, avec son fusil de chasse, il se dirige vers le bois des deux rivières. On lui a signalé des renards. Il doit rentrer chez lui vers 09h00. Lorsqu'il ne rentre pas son épouse est inquiète et appelle son fils qui tient le café du village. Lui non plus ne l'a pas vu, la nouvelle se répand. Marcel Douzet est une figure locale respectée, ancien résistant engagé à l'âge de 17 ans.

L'homme a peut-être eu un accident ou a été victime d'un malaise. La famille décide d'organiser une battue dans les alentours, les bois et les champs. Mais les heures passent et aucune trace de l'homme n'est trouvée. A 18h00, la famille décide de téléphoner à la gendarmerie de Crémieux pour signaler la disparition de Marcel. Le major Marc Saint-Genis, qui commande la brigade, partage l'inquiétude de la famille. Il demande des renforts au commandant de compagnie afin de pouvoir organiser de nouvelles battues et recherches.

Près de 80 gendarmes sont déployés autour du village et dans les terrains alentour. Un hélicoptère de la section de recherches est même réquisitionné, il faut aller vite, la nuit va bientôt tomber. Pendant ce temps, le docteur Bernard Marsaud reçoit une étrange visite à son cabinet de Saint-Romain-de-Jalionas : deux militaires, l'un qu'il connaît depuis son enfance, Philippe Siauve, et son copain Thierry El Borgi. Les deux hommes expliquent vouloir un certificat médical pour le donner à la base dont ils sont partis depuis quelques jours. Le médecin refuse tandis que Thierry El Borgi se montre un peu agressif. Bernard Marsaud a peur mais ne cède pas au chantage et met fin à la consultation. Le médecin raccompagne les deux hommes jusqu'à l'extérieur de sa maison et de son jardin. Pendant ce temps-là, les recherches se poursuivent autour du village.

En fin d'après-midi, les gendarmes retrouvent un fusil de chasse dans un champ de maïs. C'est celui de Marcel Douzet. Le garde-chasse ne doit pas être très loin. Mais malgré les dizaines d'hommes et l'hélicoptère, toujours pas de trace de Marcel. Il est 19h00 et les événements s'accélèrent. Deux personnes qui aident à la battue préviennent les gendarmes que deux jeunes cherchent à se cacher dans le champ de maïs. Les gendarmes sont persuadés que s'ils cherchent à se dissimuler, c'est qu'ils ont quelque chose à cacher. Il faut leur mettre la main dessus. L'hélicoptère se positionne plus bas au-dessus du champ, une chasse à l'homme commence.

Les deux individus parviennent à s'échapper et se réfugient dans le sous-sol d'une maison, les gendarmes encerclent les lieux. Les deux jeunes se laissent interpeller sans violence. De nombreux villageois sont venus assister à l'arrestation des deux fuyards avec le docteur Marsaud présent qui reconnaît les deux jeunes, Philippe Siauve et son copain Thierry El Borgi. Ils sont tous les deux arrêtés et conduits à la gendarmerie de Crémieu dans le département de l'Isère. Vers 20h00, les villageois découvrent le corps sans vie de Marcel

Touzet. Le garde-chasse a été tué d'une balle dans la bouche. Les gendarmes de Crémieu lancent des investigations sur les deux jeunes et trouvent effectivement un avis de recherche lancé par la gendarmerie de Toulouse. Ils préviennent leurs collègues. Le commandant de Toulouse entreprend de faire la route, environ 500 kilomètres, pour se rendre à Crémieu. Pendant ce temps, les deux jeunes sont interrogés.

Il est 02h00 du matin. L'interrogatoire commence après que les gendarmes ont signalé à Philippe Siauve et Thierry El Borgi leur placement en garde à vue. Au début, les deux jeunes essaient de jouer les « Rambo » pour se donner une force de caractère mais, très vite, passent des aveux : des déclarations sidérantes formulées sans le moindre remords. Le récit glaçant d'une hallucinante virée meurtrière. Deux jours avant le 16 juillet, El Borgi rejoint Siauve qui passe le week-end en famille à Saint-Romain-de-Jalionas. Armés d'un fusil de chasse, les deux militaires avouent avoir cambriolé une maison de la région. Leur butin : un fusil à pompe, des cartouches et 1 700 francs (260 euros) en espèce.

Le lendemain, ils volent une Peugeot 205. C'est le début d'un rodéo sanglant. Le long de la route, ils tirent sur des vaches pour s'amuser. Ils en tuent deux, puis filent vers une ville voisine. Là ils tirent sur la façade d'un bar. Pourquoi ? simplement parce qu'il est fréquenté par des « bougnoules » ;

déclarent-ils aux gendarmes. Puis ils foncent vers une cité d'Habitation à Loyer Modéré (HLM) fréquentée aussi par des maghrébins. Ils tirent de nouveau, heureusement sans faire de victime. Vers 05h00 du matin, ils décident de brûler la voiture dans un bois proche de Saint-Romain-de-Jalionas.

Une demi-heure plus tard, ils sont sur le chemin qui mène au bois des deux rivières. C'est là qu'ils voient Marcel Douzet sur sa mobylette. Le garde-chasse reconnaît Philippe Siauve. Ils sont du même village, une conversation s'engage et Thierry El Borgi prend son fusil chargé et tire en plein visage. Marcel Douzet s'écroule, il est mort. Les deux hommes trainent le corps dans le bois des deux rivières et cachent le fusil et la mobylette. Les deux hommes rentrent se coucher à Saint-Romain-de-Jalionas, il est un peu plus de 06h00 du matin. Dans leurs déclarations, ils ne donnent aucun mobile. Ils ont tué le garde-chasse comme ça, gratuitement. Il faut désormais comprendre comment ils en sont arrivés là.

C'est à Pau, une ville du sud-ouest qui se situe au cœur de l'ancienne principauté souveraine de Béarn, que Philippe Siauve et Thierry El Borgi se sont rencontrés pendant le passage de leur brevet de parachutiste. Ils deviennent amis. Depuis qu'ils sont à Francazal, ils se retrouvent souvent le soir à Toulouse aux terrasses des cafés qui finissent souvent par des virées nocturnes de vols de voitures ou d'autoradio. Ils aiment jouer « les durs ». El Borgi se fait appeler « Titi » et Siauve « Cobra ». Né à Lyon, Philippe Siauve est arrivé en Isère à l'âge de 12 ans chez sa grand-mère avec son père et ses trois jeunes frères. Sa mère, devenue prostituée, les a abandonnés. Tourmenté, Philippe arrête très vite ses études avant une formation de boucherie. Dans les rues de Saint-Romain-de-Jalionas, il joue facilement « les gros bras ». Il fume des joints, commet quelques vols et sombre dans la délinquance.

A 19 ans, Philippe Siauve décide de changer de vie, il devance le service militaire et désire incorporer un régiment de parachutistes. C'est là qu'il comptait s'affirmer comme homme. Thierry El Borgi devance également son service militaire et rejoint les paras pour fuir une existence encore plus marginale, encore plus douloureuse. Thierry est le résultat d'un viol, sa mère a été agressée par son propre beau-père. C'est ensuite qu'elle épouse un certain El Borgi un homme d'origine marocaine. Il accepte d'adopter le jeune Thierry mais refuse de l'aimer comme un père car c'est un enfant issu d'une relation plus que douteuse.

Pour ne rien arranger, l'entourage autour de sa mère refuse de fréquenter le jeune Thierry. Le jeune homme ne supporte plus son nouveau nom de famille et se met à haïr les maghrébins. Il décide à l'âge de 12 ans de partir seul. Il falsifie ses papiers, fréquente des marginaux dans la rue et s'abrite dans des « squats ». Il se nourrit de boites de conserves, qu'il vole le plus souvent et dont il mange le contenu sans rien pour les réchauffer, à même la boite. C'est ainsi qu'il va se construire seul, sans repère ni amour et surtout sans éducation. A l'âge de 16 ans, il réussit à suivre une formation de mécanicien, mais reprend très vite sa vie d'errance en consommant drogues et alcools. A 18 ans, il rejoint l'armée et c'est là que « Titi » fait la connaissance de « Cobra ».

Le lieutenant-colonel Kouider Lakhal, de la section de recherche de Toulouse, interroge en premier Philippe Siauve sur l'enquête qu'il mène au sujet de la disparition de deux jeunes filles. Philippe assure qu'il n'a rien à voir dans cette histoire. L'officier se dirige ensuite vers la cellule de Thierry El Borgi. Très différent, ce dernier ne fait aucune retenue et parle librement d'abord de l'affaire Isabelle Rabou dont il a entendu parler en assurant qu'il n'avait rien à voir avec cet acte horrible. En ce qui concerne les deux jeunes filles, il déclare que ce soir-là il est parti seul à Toulouse, rejoint plus tard par Philippe Siauve et un certain Thierry Jaouen.

Le groupe vole une voiture et veut se rendre dans une boite de nuit à Muret qui s'appelle « Le cobra ». En passant devant l'établissement, ils s'aperçoivent que celui-ci est fermé. Ils décident de se rendre à Toulouse. En chemin, ils repèrent deux jeunes filles qui font du stop, Noria Boussedra, âgée de 17 ans et Luisa De Azevedo, âgée de 12 ans. Ils les prennent à bord du véhicule mais 200 mètres plus loin, au lieu de continuer leur chemin vers Toulouse, ils bifurquent vers un petit chemin dans un champ juste avant un bois. Ils s'arrêtent, font sortir les filles de la voiture. Siauve entreprend de vouloir violer l'aînée Noria Boussedra mais constate que la jeune fille à ses règles et renonce à son entreprise.

Philippe Siauve se saisit alors de la plus jeune, Luisa De Azevedo, qu'il emmène dans la voiture pour la violer. Thierry Jaouen la violera à son tour. Thierry El Borgi a été, selon ses dires, incapable de la violer à son tour. Pendant ce temps-là, Noria, la plus grande des filles, tente de fuir. Elle est rattrapée par El Borgi tandis que Siauve lui lance un couteau et la plante dans le dos. La jeune Luisa est assassinée à son tour de plusieurs coups de poignard dans la gorge. Ils replacent les deux corps à l'arrière du véhicule qu'ils poussent dans un trou où la voiture prend feu.

Le lieutenant-colonel Kouider Lakhal se rend de nouveau dans la cellule de Philippe Siauve et lui fait part des aveux de son complice Thierry El Borgi. Dans un premier temps Siauve ne reconnaît pas les faits puis avoue avoir participé à l'équipée sauvage. Mais auparavant, il a également violé et tué Isabelle Rabou. Pour ce crime, il a agi seul. Les deux hommes livrent le nom de leurs complices, Thierry Jaouen, déjà donné, et un certain Franck Feuerstein.

Ainsi Thierry El Borgi et Philippe Siauve avouent les meurtres, celui du garde-chasse Marcel Douzet qu'ils ont tué ensemble et sur lequel enquêtent les gendarmes de l'Isère. Ils ont commis ensemble le double meurtre de la Peugeot 205 avec, pour victimes, Noria Boussedra et Luisa De Azevedo. L'affaire revient à la gendarmerie de Toulouse. Philippe Siauve s'accuse ensuite, avec deux complices, Franck Feuerstein et Thierry Jaouen, du meurtre et du viol d'Isabelle Rabou, suivi par les enquêteurs du SRPJ de Toulouse.

Le 19 juillet 1989, il est 17h00 lorsque l'inspecteur Alcide Fabbro, du SRPJ de Toulouse, veut interroger Philippe Siauve au sujet du meurtre d'Isabelle Rabou, à la gendarmerie de Crémieu. Siauve répète à nouveau ses aveux avec un luxe de détails sur les sévices subis par la jeune femme : le 30 mai 1989, Philippe Siauve, Franck Feuerstein et Thierry Jaouen quittent séparément la BOMPAP après leur service. Ils se donnent rendez-vous à Toulouse dans le quartier de la gare. Ils boivent quelques bières, fument un peu de hashish puis décident d'aller voler quelques autoradios dans le quartier, sans succès. Les trois militaires veulent rentrer à la base mais naturellement aucun n'a de voiture. Ils décident donc d'en voler une.

Vers 00h30, ils sont rue de la Sarthe, une Opel Corsa blanche se gare, c'est la voiture d'Isabelle Rabou. Philippe Siauve crie : « On y va ! », ils s'emparent de la voiture. C'est Siauve qui conduit, poussant la conductrice sur le siège passager, tandis que les deux complices s'installent à l'arrière, direction Francazal. Isabelle demande qu'on la libère, sans succès. À ce moment, les hommes n'ont pas seulement volée une voiture mais ont enlevé une femme. A aucun moment, Franck Feuerstein et Thierry Jaouen ne tentent quoi que ce soit pour tout arrêter.

L'Opel Corsa se rapproche de la BOMAP, passe devant l'entrée de la base. Philippe Siauve ne s'arrête pas et poursuit son chemin. À une vingtaine de kilomètres, il quitte la route et s'arrête dans un champ. Philippe demande à Isabelle de se déshabiller, avant de se dévêtir lui-même. Il passe à l'acte sexuel à l'intérieur de la voiture pendant que Franck Feuerstein et Thierry Jaouen attendent à l'extérieur. Une fois terminé, il demande à ses deux complices d'aller se soulager à leur tour. Une fois leurs forfaits accomplis, les trois savent très bien qu'ils ne peuvent pas libérer la jeune femme qui ira les dénoncer. Une fois de plus c'est Siauve qui prendra l'initiative de tuer Isabelle Rabou en passant derrière elle pour l'étrangler, avec son ceinturon.

Contrairement à ses premières déclarations, la mort n'a pas été aussi rapide. Il semblerait qu'il se soit aidé de son genou pour faire pression sur la carotide. Le supplice a sans doute duré plus de dix minutes. Feuerstein l'a aidé à tenir une extrémité du ceinturon tandis que Jaouen, lui, n'a pas bougé.

Selon son avocat François Vintrou, Thierry Jaouen est toujours resté en retrait du crime, à l'extérieur du véhicule, préférant détourner le regard même s'il était conscient de ce qui était en train de se passer. Philippe Siauve prend dans le coffre un tournevis et poignarde plusieurs fois le corps sans vie d'Isabelle Rabou et l'abandonne dans le champ. Les trois hommes reprennent le véhicule, direction Francazal. Ils laissent la voiture dans un terrain vague à 200 mètres de la base et y mettent le feu puis rentrent à pied à la BOMAP comme si de rien n'était.

La garde à vue de Philippe Siauve est terminée, il est 20h00 à la gendarmerie de Crémieux. Le lendemain, 20 juillet 1989, à Toulouse, Franck Feuerstein et Thierry Jaouen sont arrêtés à la base de Francazal et conduits en garde à vue dans les locaux de la police judiciaire. Les deux appelés confirment sans difficulté, les aveux de Siauve. Les procès-verbaux de leurs aveux sont glaçants dans leur barbarie, ils n'ont sans doute pas encore réalisé la portée de leurs actes. L'équipée sauvage des quatre parachutistes est enfin terminée. Ils sont inculpés pour « homicide volontaire, séquestration arbitraire, viol aggravé, torture et acte de barbarie ». Peine prévue : perpétuité.

Franck Feuerstein est né à Lille en 1970. Il n'a pas connu son père, sa mère s'est mariée ensuite avec un autre homme. Elle a eu cinq enfants. Franck raconte que son beau-père n'a jamais fait aucune différence entre les six enfants. C'est un élève médiocre, il rate son Certificat d'Aptitude Professionnel (CAP) de mécanique et effectue des petits boulots. Il est décrit comme un enfant calme, introverti, qui n'a jamais posé le moindre problème. Sa mère déclare à son sujet : « Mon fils avait bon cœur, on pouvait lui demander ce que l'on voulait... ». C'est en arrivant à Francazal, en devançant l'appel, qu'il a commencé à boire et consommer de l'alcool. C'est là aussi qu'il rencontre Philippe Siauve.

Thierry Jaouen est né en 1970 dans le Val de Marne. Son père est employé de mairie, sa mère puéricultrice, ils ont trois enfants dont Thierry est l'aîné. C'est un bon élève, mais pas brillant, qui décroche tout de même un CAP de boucher. Son employeur qui le gardera trois ans dira de lui : « C'est un employé compétent, serviable, impeccable dans son travail... ». Sa mère le décrit comme un enfant calme et renfermé qui dit toujours « oui ». Il devance aussi son appel et parle avec beaucoup d'intérêt pour la première fois de son travail chez les paras.

Les psychiatres diront pour Franck Feuerstein et Thierry Jaouen que c'est l'effet de groupe qui les a encouragés dans ce qui s'est passé. Quelques jours après, les victimes de la 205 sont identifiées. Il s'agit de Noria Boussedra et Luisa De Azevedo. C'est grâce à un appel à témoins, uniquement avec la photo des bijoux retrouvés, que la sœur de Luisa, depuis l'Algérie, a pu les identifier. Les deux jeunes filles faisaient simplement du « stop » en revenant d'une fête. C'est un hasard machiavélique qui leur a fait rencontrer leurs tortionnaires. Il est décidé que pour ces quatre meurtres, il n'y aura qu'un seul procès qui s'ouvre le 15 avril 1991 à Toulouse.

La tension règne autour du palais de justice où le public veut voir les quatre monstres dans le box des accusés. Certains crient au rétablissement de la peine de mort. La cour d'assises est bondée. Pour les familles des victimes, le procès est une nouvelle épreuve. Les quatre accusés entrent dans le box, au premier rang Thierry El Borgi et Philippe Siauve, derrière Franck Feuerstein et Thierry Jaouen. Quatre gamins âgés de 20 à 22 ans. C'est la première fois que les familles des victimes les voient.

Le président ouvre les débats par la personnalité des accusés mais les quatre parlent peu. Malgré leur mutisme, deux groupes se dessinent dans le box, d'un côté Siauve et El Borgi traumatisés par une enfance tragique, de l'autre, Franck Feuerstein et Thierry Jaouen, deux jeunes timides englués dans une existence banale ; deux groupes parfaitement hiérarchisés. Les deux chefs Siauve et El Borgi qui sourient rigides comme des militaires et Feuerstein et Jaouen qui passent le plus clair de leur temps, la tête baissée. Daniel Ajzenberg, l'expert psychiatre, parle de quatre destins mal structurés. Il faut trouver quel a été l'élément déclencheur, on ne devient pas meurtrier par hasard. Selon son analyse, les quatre accusés ont des carences affectives qui se sont éteintes en arrivant à la base militaire. C'était celui qui se vante le plus, raconte plus de détails sexuels réels ou imagés qui va pouvoir dominer le groupe et faire des autres des complices potentiels et admiratifs. Philippe Siauve devient le leader de la bande, il propose des vols et viols de femmes. Celui qui refuse passe naturellement pour une « lopette », ce qui est inconcevable pour les trois autres.

La cour examine ensuite les faits dans une macabre remontée dans le temps. Les accusés reviennent sur les détails de chacun de leurs meurtres et racontent les supplices qu'ils ont infligés à leurs victimes. Ils s'expriment comme des robots, d'un air totalement détaché. Philippe Siauve parle le premier, c'est lui le chef, qui a pris toutes les initiatives. Ses mots, tel que « on l'a saigné comme un cochon » sont froids et son récit mécanique. Thierry Jaouen raconte à son tour sa participation au viol et au meurtre d'Isabelle Rabou. Lorsque la jeune femme au début de son enlèvement a demandé à être relâchée, il n'a pas pris conscience des faits. Jaouen a ces mots horribles : « Je l'ai violée car c'était mon tour ! ».

Tout au long du procès, aucun des accusés ne va déclarer avoir voulu arrêter les actes commis, peut-être pas peur d'être jugé comme lâche ou simplement car ils ne pensaient pas faire de mal.

Pour eux, sous l'emprise de l'alcool et des stupéfiants c'était juste une manière de s'amuser. Les êtres vivants étaient leurs nouveaux jouets. Lorsque Thierry El Borgi est interrogé sur les faits, il avoue regretter pour les filles mais pas du tout pour le garde-chasse. Des paroles difficiles à entendre pour les jurés et la fille de Marcel Douzet. Finalement cette succession de tortures, de viols et de meurtres reste une énigme. Les accusés semblent ne pas être concernés, comme en dehors des faits reprochés.

Daniel Ajzenberg, l'expert psychiatre, déclare que les accusés ne présentent de pathologies mentales. Rien ne peut expliquer qu'ils ne soient pas responsables de leurs faits. Les accusés ne montrent aucun remords. Après 9 jours d'audience, le procès touche à sa fin. L'avocat général, dans un réquisitoire sans concession, se met même à évoquer la peine capitale en ces termes : « Comment ne pas penser que le juste châtiment serait la peine capitale ». Il réclame la prison à perpétuité assortie de 30 années de sûreté pour Thierry El Borgi et Philippe Siauve. Les avocats de la défense tentent bien d'expliquer l'inexplicable, sans succès. Le jury se retire pour écrire le dernier acte de cette tragédie.

Après 7 heures de délibéré, le 24 avril 1991, le verdict tombe. Les accusés sont tous condamnés à la prison à perpétuité avec des peines de sûreté de 30 ans pour Thierry El Borgi et Philippe Siauve, 15 ans pour Thierry Jaouen et 13 ans pour Franck Feuerstein. Seul, Thierry Jaouen a obtenu un régime de semi-liberté à la fin du mois d'octobre 2009…

Les grands criminels 09

1995 – Christophe KHIDER

Nous sommes le 22 mars 1995, dans une agence du Crédit Lyonnais située boulevard Davout dans le 20ème arrondissement de Paris. C'est bientôt l'heure de la pause méridienne pour la dizaine d'employés, restent trois clients au guichet, Il est 11h40 lorsque trois personnes entrent dans l'établissement. Tous portent des perruques et des postiches pour ne pas être reconnus et se mettent à braquer les clients et employés.

L'un des braqueurs fait monter les membres du personnel à l'étage pour les enfermer, le second sécurise les entrées de la banque. Le chef du commando, quant à lui, emmène le directeur d'agence dans la salle du coffre et se fait remettre

128 000 francs (environ 25 000 euros) qu'il place dans un sac. A ce moment, des convoyeurs de fonds arrivent et se garent juste devant l'établissement. Inconscients du danger, ils descendent de leur camion et se dirigent vers la banque. Les braqueurs décident alors de changer leur plan.

Les malfaiteurs décident de s'attaquer aux convoyeurs et, sous la menace d'une arme, de forcer le conducteur, qui reste toujours au volant, à ouvrir les portes. Deux braqueurs entrent à l'arrière du camion tandis que le troisième prend place à l'avant, à côté du chauffeur. L'alerte est donnée, les voitures de police foncent déjà sur le boulevard Davout alors que le camion blindé se dirige vers le périphérique. Les braqueurs sont intéressés par « la tirelire », nom donné au coffre dans le camion, qui représente le ramassage de la tournée des banques.

Toutefois, lorsqu'ils essaient de l'ouvrir, une alarme se déclenche qui a pour effet de stopper le véhicule à la hauteur de la porte Dorée. La cabine du chauffeur se verrouille, tandis que les deux braqueurs à l'arrière sortent avec leurs otages. Le troisième homme à l'avant se retrouve coincé avec le chauffeur. En colère, l'homme tire une balle dans la jambe du chauffeur. Ensuite, le braqueur réussit à ouvrir manuellement une trappe pour rejoindre par le toit ses complices. Les hommes ont réussi à s'emparer de « la tirelire » pour un butin de

2 000 000 de francs (environ 304 900 euros). Ils s'enfuient à pied, en tirant sur les policiers qui les ont déjà rejoints. Ils sautent par-dessus le terre-plein central du périphérique en emmenant avec eux leurs deux convoyeurs-otages.

Les braqueurs réussissent à intercepter un véhicule Renault 19 et à en chasser son propriétaire. Les cinq hommes, braqueurs et otages, prennent la direction du périphérique nord à bord de la voiture volée. Ce que les braqueurs ignorent c'est qu'ils viennent de dérober la voiture banalisée d'un policier. Ils filent à tout allure vers l'autoroute A3, direction la zone industrielle Garonor. Ils essaient de s'emparer d'une Peugeot 309 avec une manœuvre dangereuse sur le périphérique. Mais la dame au volant prend peur et emprunte la prochaine sortie en direction d'un restaurant.

Ce qu'elle ne peut savoir, c'est que les braqueurs l'ont suivie. Une fois sur le parking, ils s'attaquent au véhicule, sortent la conductrice sans ménagement et s'emparent de la Peugeot 309. Ils abandonnent leurs otages menottés à l'arrière de la Renault 19 et reprennent la direction de l'autoroute. Prenant des risques inconsidérés, ils tamponnent de nouveau un véhicule et finissent à pied dans la zone Garonor, à la recherche d'une nouvelle voiture. Une Mercedes arrive, les braqueurs tentent de s'en emparer, mais le conducteur résiste. Une bagarre commence et le conducteur s'écroule, abattu d'une balle en pleine tête. William Masiha, un homme d'affaires décède, il avait 52 ans. Le soir même, l'information est sur toutes les chaînes de télévision. La police fait et refait le parcours des malfrats. Une heure après, la Mercedes volée est retrouvée dans une petite rue du centre-ville de Saint-Denis, limitrophe de Paris, située au nord de la capitale, dans le département de la Seine Saint-Denis. Mais la piste des braqueurs s'arrête là.

Dès le lendemain la Brigade de Répression du Banditisme (BRB) se passe en boucle la vidéo de la banque. Malgré leurs déguisements, les policiers réussissent à déterminer en parties certains traits des visages et des yeux des malfaiteurs, ce qui est important pour un début d'enquête. L'un des employés a cru reconnaître, parmi les braqueurs, un ancien client de son agence. Ce qui lui a semblé étrange c'est que le père du client qu'elle croyait reconnaître est venu à l'agence à la fin du braquage et a été pris aussi comme otage.

La piste est mince, mais les policiers décident de s'y accrocher, n'ayant rien de mieux pour le moment. Ils réussissent à identifier la personne que l'employé a cru reconnaître, un certain Djamel Adouhama. Il habite la cité Saint-Blaise, à deux pas de l'agence, et possède un petit casier. Une surveillance s'opère autour du domicile, rien pendant plusieurs jours. Mais la patience finit par payer. Les policiers apprennent qu'il a fait une demande de renouvellement de son titre de séjour. Ils opèrent donc une surveillance et mettent les employés de la Préfecture dans la confidence pour qu'ils leur signalent le retour de Djamel lorsqu'il viendra récupérer sa carte de séjour. Une filature discrète commence. Les policiers sont intrigués par l'attitude de l'homme qui loue plusieurs chambres d'hôtel, parfois pour n'y rester que deux heures, qu'il paie à chaque fois en espèces, comme s'il était en cavale.

Persuadés de tenir l'un des trois braqueurs, les policiers ne lâchent pas le type. Un texto est envoyé sur l'appareil Tam-Tam de Djamel (ancien appareil Cegetel qui permettait de recevoir des messages, une sorte de bipeur). Un message qui est signé Christophe. Les policiers, grâce au numéro de téléphone, ne mettent pas longtemps à l'identifier. Il s'agit de Christophe Khider. Lui aussi est connu des services de police pour des faits de braquages depuis son plus jeune âge. Plusieurs de ses traits correspondent à l'un des visages présents sur la bande vidéo de l'agence bancaire.

Le 14 septembre 1995, les policiers passent à l'action. Djamel Adouhama est interpellé à la terrasse d'un café cité Saint-Blaise. Christophe Khider se fait coincer à Montreuil, située dans le département de la Seine-Saint-Denis dans la Métropole du Grand-Paris, chez sa fiancée. Les policiers interpellent également sur place la mère de Christophe, Catherine Charles, son compagnon de l'époque et, naturellement, la fiancée. Tout ce petit monde est conduit dans les locaux de la BRB. Lors de leurs gardes à vue, Adouhama et Khider ne sont pas causants. La seule que l'on va entendre est la compagne de Djamel Adouhama. Elle déclare que le 22 mars, en début d'après-midi, les trois individus sont arrivés. Ils étaient couverts de sang et ont fait le partage de billets neufs. A la question « Qui est le 3ème homme en plus de Christophe Khider et Djamel Adouhama ? » elle répond : « Mais, celui que vous avez arrêté et qui est dans vos locaux, Patrick Fréjacques le beau-père de Christophe et compagnon de sa mère ! »

Les trois hommes avouent immédiatement les faits. Un petit bémol pour Christophe Khider qui regrette la mort de l'homme d'affaire William Masiha. Il parle d'un accident, d'une fausse manœuvre. L'homme ne devait pas mourir et voulait juste récupérer sa mallette dans la Mercédès. Dans l'affolement, le coup est parti. Pour ce qui est du butin, 2 000 000 de francs (environ 380 000 euros), les policiers ne vont en retrouver qu'une toute petite partie.

Durant l'enquête, et grâce aux empreintes digitales et l'ADN de Khider, les hommes de la BRB, avec à leur tête Martine Monteil, réussissent à les confondre dans une autre affaire où une empreinte avait été relevée sur le rétroviseur d'un véhicule qui a servi au braquage d'un bureau de poste, un an avant, dans le 20ème arrondissement. Pour ce qui est du meurtre de l'homme d'affaires, le médecin légiste va affirmer qu'il ne peut s'agir d'un tir accidentel. En effet, le coup est parti sur la joue, sous l'œil, par canon appuyé, c'est-à-dire à bout touchant et non pas à bout portant. Aucune trace de poudre ou de résiduel sur le visage de la victime. L'arme du crime n'a pas été retrouvée. D'après Khider, il s'agirait un colt 45 qui tire des balles de 11.43, dont il s'est débarrassé juste après le meurtre ; ce qui semble plausible à l'expert en balistique.

Au moment de son arrestation Christophe Khider est âgé de 24 ans et a eu déjà une existence peu banale. Une série d'attaques et de braquages qu'il commet pour sauver une femme qui n'est autre que sa mère. C'est dans le 13ème arrondissement de Paris que Christophe et son petit frère Cyril ont grandi. Depuis la séparation de leurs parents, ils vivent chez leur grand-mère. Leur mère, Catherine Charles, est toxicomane et multiplie les séjours en prison. Christophe vit une histoire compliquée avec sa mère. À l'époque, son centre d'intérêt est surtout sa bande de copains.

Mais les ennuis s'accumulent, les enfants sont placés en foyer, Cyril le cadet d'abord vers l'âge de 8 ans et Christophe deux ans plus tard. Catherine Charles, leur mère, fait ses séances de pickpocket au festival de Cannes. Christophe ne la reverra que trois ans plus tard. Sorti du foyer, il est livré à lui-même et tue le temps avec ses potes du quartier. Il joue les grands frères, prodiguant toujours des conseils sur la manière de parler, de s'habiller, afin de ne pas faire apparaître la trace des cités vis-à-vis des autres personnes. C'est également un fils aimant qui ne supporte plus de voir sa mère se défoncer. Il nourrit l'espoir qu'un jour il pourra la sauver. Durant cette période, alors que sa mère vit en concubinage avec Francis, un braqueur, Christophe se lève de bonne heure pour, soi-disant, travailler. Il ramène beaucoup d'argent à Catherine Charles.

En fait, Christophe avait dérobé l'arme de son beau-père, pour effectuer, seul, un braquage. Devant la détermination du jeune homme, Francis l'emmènera sur ses prochains coups. Les deux hommes vont braquer pas moins de 28 agences de voyages, sans violence, sans coup de feu, au culot. Jamais d'otage jusqu'à ce jour du 29 avril 1989, dans une agence du 11ème arrondissement de Paris. Christophe et le beau-père se font pincer. Christophe est âgé de 17 ans lorsqu'il entre en prison pour la première fois.

Trois ans plus tard, Christophe Khider comparait devant la cour d'assises des mineurs, il a 20 ans. Durant le procès, le jeune homme se montre très poli et fait même rire les jurés. Il réussit également à les émouvoir quand la gardienne de son ancien immeuble raconte son enfance : un petit garçon poli qui tenait la porte des personnes âgées, serviable jusqu'à porter leurs colis et commissions. De plus, comme le signale son avocat, un braqueur certes, mais pas un meurtrier. Tout a été réalisé sans violence, du moins à l'époque. Les jurés sont sensibles aux trois ans que Christophe Khider a déjà effectués. Mais voilà, à sa sortie du centre de détention pour jeunes mineurs de Fleury-Mérogis, Christophe n'a pas l'intention de saisir la perche tendue pour une nouvelle vie. Les belles motos, les filles, les vacances ça coute cher ! Il reprend les braquages et quand les poches sont pleines il part faire la fête au Brésil. De retour à Paris, Christophe retrouve sa mère. Elle est avec un nouveau compagnon, Patrick Fréjacques, un autre braqueur mais qui cette fois utilise de vraies armes. Christophe se retrouve dans la cour des grands. C'est comme ça qu'à 24 ans il s'est retrouvé à tuer un homme dans les entrepôts de Garonor.

Ils sont trois à comparaitre devant la cour d'assises de Paris le 10 novembre 1999. Mais c'est sur Khider que pèsent les charges les plus lourdes. Il encourt la prison à perpétuité pour deux braquages avec armes, prise d'otages et le meurtre de William Masiha. Les trois accusés ne cessent de déclarer : « Nous sommes des braqueurs, pas des meurtriers ! ». Christophe Khider qui comparait le crâne rasé, cette fois ne fait pas rire les jurés. Il leur fait peur !

L'avocat général déclare à l'attention de Christophe Khider : « Vos regrets semble bien préparés, comparés à votre braquage. On pourrait presque y croire... » avant de réclamer une peine de 22 ans à son encontre. Mais la sanction du jury est encore plus lourde, elle tombe après un long délibéré le 17 novembre 1999 : 30 ans. Ses amis d'enfance présents dans la salle d'audience sont estomaqués de voir que la sanction prononcée est plus forte que les réquisitions de l'avocat général. Christophe Khider est effondré par le verdict, comme si une pierre tombale venait de le condamner à la privation de sa liberté. La condamnation est définitive. À l'époque, il n'y a pas d'appel en cour d'assises.

Le dimanche 27 mai 2001, c'est le jour de la fête des mères. Il est 14h30 lorsqu'un hélicoptère dépose ses clients devant l'abbaye des Vaux-de-Cernay, un ancien monastère cistercien datant du XIIe siècle, dans la commune de Cernay-la-Ville. Trois hommes cagoulés, chaussés de rangers, s'approchent de l'hélicoptère et prennent en otage la pilote Marielle Simon. Après cinq minutes de vol, les hommes déclarent : « On va aller libérer nos frères ! ». A 15h10, l'hélicoptère survole la prison de Fresnes. Quelques minutes plus tard, Christophe Khider et un autre homme font des signes à partir d'un toit.

L'hélicoptère vient se positionner au-dessus d'eux et balance une échelle de corde. Mais il manque deux mètres. Les gardiens commencent à tirer touchant l'un des preneurs d'otage, l'hélicoptère largue alors un sac et s'éloigne. Cinq minutes plus tard, l'embarcation se pose sur un terrain de football. Avant de partir les malfaiteurs menottent la pilote en la félicitant pour son sang-froid. La police arrive sur place et trouve à l'intérieur des traces de sang. L'un des preneurs d'otage a bien été blessé durant l'échange de coups de feu avec le mirador. Pendant ce temps, à la prison, Christophe Khider s'est emparé des armes et des gilets pare-balles contenus dans le sac lancé par l'hélicoptère. L'autre détenu lui emboite le pas, bien déterminé à se « faire la belle » avec lui.

A Fresnes, c'est la panique. Christophe Khider et son complice, Mounir Benbouabdellah, armés jusqu'aux dents, prennent en otages trois surveillants, des boucliers humains pour organiser leur sortie. Le commissaire Patrick Yvars de la police judiciaire arrive sur place à 15h30. La situation est très préoccupante, une rumeur se propage sur l'un des surveillants, probablement blessé, dont la vie serait en danger. Les forces de police savent que les deux hommes ont déjà tué et que c'est du sérieux. Dans le bureau du directeur, transformé en PC, le commissaire reçoit l'appel de Christophe Khider qui insiste pour qu'on le laisse s'échapper, sinon il tuera : « Je ne passerai pas 30 ans dans ce trou à rats ! » lance-t-il avec un accent prononcé de banlieue.

Pour prouver sa détermination il passe au téléphone le gardien blessé qui se considère déjà comme mort, la voix tremblante et inquiète. Khider a fixé son ultimatum à 16h30. A 16h27, le commissaire décide d'aller à sa rencontre mais sans la clé de la cour pour que le malfaiteur ne puisse s'évader. Patrick Yvars se trouve face au détenu armé d'une kalachnikov, avec un gilet pare-balle jusqu'au cou. Arrive Mounir Benbouabdellah comme un diable qui sort de sa boite, énervé lui-aussi, qui pointe sur le fonctionnaire son arme de poing, un 11.43. Une discussion s'engage entre Christophe et Mounir qui ne sont pas d'accord sur le sort à réserver au commissaire. Khider a donné sa parole de le laisser partir, Benbouabdellah, quant à lui, veut le garder comme otage : un officier de police a plus de valeur qu'un surveillant.

A 17h20, les hommes de la brigade de Recherche, d'Assistance, d'Intervention et de Dissuasion (RAID) débarquent. La colonne d'assaut commence à pénétrer dans le couloir, Christophe Khider tire à la kalachnikov bien déterminé à donner le ton sur le rapport de force qui s'engage au bénéfice du preneur d'otage. Une autre rumeur surgit, l'hélicoptère aurait largué un sac rempli d'explosifs, dans la prison. Les autres détenus sont survoltés. Joaquim Pueyo, le directeur de la prison de Fresnes, sait qu'on ne peut pas extraire les 300 prisonniers présents qui se trouvent entre les hommes du RAID et les preneurs d'otages.

A 17h30, deux hommes surgissent au fond du couloir. Khider a tenu parole, il vient de libérer le commissaire et le plus jeune des surveillants, blessé. Quelques minutes plus tard, Khider tente une sortie en force sous une couverture avec des trous pour les armes. Les hommes du RAID ne voient que les jambes des prisonniers et de leurs otages avancer vers eux. Arrivés près de la grille, les hommes du RAID leur font bien comprendre qu'ils n'arriveront pas à sortir. Tandis qu'à l'extérieur les Compagnies Républicaines de Sécurité (CRS) se mettent en place, les tractations reprennent avec Khider.

Les heures passent. Dans la prison, les détenus s'impatientent, ils ont faim, ils ont soif. Dehors, les chaînes de télévision font le siège de la prison. Vers 01h00 du matin, certains prisonniers mettent le feu à des matelas. Il faudra deux heures pour éteindre l'incendie, grâce aux surveillants et au renfort des CRS. A 03h00 du matin, dans le calme, les négociations reprennent avec une nouvelle exigence de Christophe Khider : il veut parler à sa mère, Catherine Charles. Il s'excuse et se confie à elle, pour lui dire qu'il a loupé son coup, mais qu'il ne loupera pas sa mort. Il est prêt à mourir avec les armes plutôt que de retourner en cellule. Christophe Caupenne, le négociateur du RAID, comprend bien la situation.

Son complice, Mounir Benbouabdellah, se trouve moins vaillant. Au bout de 18h00, il relâche un otage et se livre aux autorités. Après deux heures, Christophe Khider craque à son tour, libère son dernier otage et rend les armes. Direction le commissariat et la maison d'arrêt de Bois-d'Arcy. Evasion ratée pour Khider, malgré une prise d'otages qui a duré plus de 20 heures. Le drame a été évité de justesse mais l'émotion reste vive au sein du personnel pénitentiaire. Après leur libération, les otages donnent une conférence de presse où ils se montrent compréhensifs. Ils parlent d'un dialogue réciproque et constructif entre eux et leurs preneurs d'otages. Mais à Fresnes, la tension ne baisse pas malgré le déplacement de Marylise Lebranchu, ministre de la Justice. Nicolas Taffin, le surveillant blessé, est toujours à l'hôpital. La polémique éclate sur le fait que le surveillant a tiré sur l'hélicoptère, ce qui est interdit par le règlement.

Lorsque la police ramène Christophe Khider et Mounir Benbouabdellah à leur cellule, pour la fouiller, les surveillants et leurs familles laissent éclater leur colère. Pendant ce temps, les enquêteurs sont occupés à rechercher les membres du commando. Ils placent sous surveillance les membres de la famille de Christophe Khider et notamment son frère Cyril, plus tourné vers le trafic de stupéfiants que la grande criminalité. Pas un vrai braqueur inconnu de la BRB, mais pas un enfant de cœur. Cyril a déjà fait 8 ans de prison.

Depuis la prise d'otages, Cyril se fait radicalement discret, alors qu'il allait voir son frère régulièrement au parloir. Le 23 août 2001, les policiers l'arrêtent à Rabastens, un village du département du Tarn, avec l'un de ses amis d'enfance. Placé en garde à vue, il ne peut pas nier plus longtemps sa participation à la tentative d'évasion, il porte encore une blessure à sa jambe mais refuse de balancer ses complices. Il restera seul à assumer cette tentative d'évasion tout en expliquant les raisons pour lesquelles il a volé au secours de son frère. Lors des derniers parloirs, son frère Christophe lui reprochait de le laisser tomber. C'est ce sentiment de culpabilité qui va le torturer et le pousser à réaliser son acte. Il veut aussi pour prouver à sa mère qu'il est digne d'être un Khider.

Christine Charles, sa mère, va redécouvrir son fils cadet, le soutenir dans sa détention et lui garantir sa place au sein de la famille. Telle une « Mama Dalton » Christine Charles n'aura comme but que de défendre ses fils. Elle arrête la drogue en 1997, à l'incarcération de Christophe, consacre l'essentiel de son temps à militer pour les conditions de détention des taulards, notamment sur une radio libre. Un peu comme une rédemption, elle a trouvé un sens à sa vie. Paradoxalement, ses fils l'ont sauvée de l'intérieur de leur prison. Elle enchaîne les parloirs auprès de ses fils et se dit renforcée dans son combat par l'amour qu'elle leur porte.

C'est un procès sous haute surveillance qui s'ouvre le 8 mars 2007 devant la cour d'assises de Créteil, dans la banlieue sud-est de Paris, pour la tentative d'évasion de la prison de Fresnes. Christine Charles est venue avec son comité de soutien. Pour elle c'est le procès de la prison. Les débats entrent dans le vif du sujet avec l'échange des coups de feu entre l'hélicoptère et le mirador. La pilote et le surveillant sont assis côte à côte sur le banc des parties civiles. Marielle Simon refuse de serrer la main du surveillant. La question reste de savoir qui a tiré le premier. Le visionnage des vidéos amateurs laissent apparaître que ce ne sont pas les occupants de l'hélicoptère. Pour Pascal Winter, l'avocat des surveillants, il est clair que c'est l'hélicoptère qui a tiré le premier, le surveillant dans le mirador n'a fait que de riposter. Personne n'arrive à se mettre d'accord.

Les incidents d'audience se multiplient, ça gronde dans la salle. La tension est à son paroxysme lorsqu'une des jurées se lève et quitte l'audience. Après une semaine d'incidents, la cour se penche sur la prise d'otages. Christophe Khider revient au centre des débats. La psycho-criminologue, Michelle Agrapart, témoigne d'un homme dangereux, sûr de lui, qui n'écoute jamais les autres, le principal étant de ramener tout le monde à sa cause. Pour l'avocat général, il faut protéger la société. À l'heure du réquisitoire, il réclame des peines lourdes. Dix-huit ans pour Christophe Khider et 16 ans pour Mounir Benbouabdellah, 15 ans pour Cyril Khider. Après un long délibéré, le verdict tombe : Christophe Khider et Mounir Benbouabdellah sont condamnés à 15 ans et Cyril Khider à 10 ans le 19 mars 2007.

Le 15 février 2009, Christophe Khider est incarcéré au centre pénitentiaire de Moulins-Yzeure dans la commune d'Yzeure, département de l'Allier, depuis six mois. C'est son 24ème centre pénitentiaire, un bunker géant, le plus sécurisé d'Europe. Ce jour-là, un dimanche, le parloir est très fréquenté, beaucoup de familles sont présentes. Christophe Khider reçoit sa compagne Sylvie Piciotti et leur petite fille, un bébé. Grâce à la complicité de son codétenu Omar Top El Hadj, il réussit à s'évader. Il bénéficie de la complicité de sa compagne et d'un couple d'amis qui lui ont notamment fourni des explosifs ayant servi lors de l'évasion, et prend en otage deux surveillants de l'établissement.

Les fuyards se dirigent vers Paris avec une voiture volée sur le parking de la prison. Le plan Epervier est déclenché (opération de gendarmerie à la suite d'un enlèvement ou d'une évasion). Quatre heures plus tard, les hommes arrivent en région parisienne. Vers 19h30, Christophe Khider et son complice relâchent leurs otages dans une zone industrielle avant de disparaître. Les otages sont récupérés par les hommes de la Brigade Anticriminalité (BAC). Pendant ce temps-là, la Police Judiciaire (PJ) de Clermont-Ferrand commence l'enquête à la prison de Moulins-Yzeure.

Après l'évasion, les familles présentes au parloir ont été regroupées. Les policiers relâchent la plupart des familles, sauf Sylvie Piciotti, la compagne de Khider, qui nie les faits de complicité. Mais les policiers découvrent que la jeune femme cache des informations. La veille de la visite au parloir, Sylvie a partagé une chambre d'hôtel avec une certaine Nadia. Les policiers fouillent la poubelle de la chambre et trouve des emballages de tournevis, d'adhésifs, qui confirment que les deux femmes ont bien participé à l'évasion. Les policiers font également une découverte, la fameuse Nadia possède des broches dans le dos et fait sonner le portique à chaque fois qu'elle rend visite à son fiancé. Nadia est arrêtée, elle avoue très vite. Elle déclare toutefois avoir fait passer ces objets métalliques sous la menace. Les aveux sont présentés à Sylvie qui déclare qu'elle n'a pas été forcée mais payée.

Sylvie Piciotti raconte que c'est Babe, le fiancé de Nadia, qui a eu l'idée de faire entrer des armes et des explosifs au parloir. Christophe Khider a très vite compris le parti qu'il pouvait en tirer. Il a demandé à Sylvie de se rapprocher de Nadia pour lui proposer de l'argent. Le 13 février au soir, les deux femmes récupèrent les armes et explosifs donnés par un ancien complice de Christophe. Dans la chambre d'hôtel qu'ils ont louée, il ne reste plus qu'à coller les armes, outils et explosifs, dans le dos de Nadia, un jeu d'enfants. Sur trois jours, en trois visites, Nadia a apporté le matériel, se servant du tournevis pour le cacher dans la plaque d'aération de la cabine du parloir. Ensuite, Christophe et Babe n'avaient plus qu'à le récupérer.

Le 16 février 2009, c'est le second jour de cavale pour les deux évadés, ils retiennent aussi un grand-père et son petit-fils en otages pendant huit heures. Alors que les policiers les croient en route vers la frontière belge, les deux fugitifs roulent vers Reims, une ville du nord-est de la France située en région Champagne-Ardenne. Ils croisent la route de Philippe Dubois dont ils percutent sa voiture. Une fois stationnés sur le bas-côté ils demandent les clés à l'homme. C'est le cinquième otage de Khider depuis son évasion. Quelques heures plus tard, à l'intérieur du véhicule, l'ambiance se détend. Christophe Khider explique à son otage que cette situation est la faute de la société qui a commencé par l'accuser d'un meurtre qui n'était selon lui qu'un accident. Tout le reste n'a été fait que pour retrouver sa liberté.

Pendant la cavale, la mère de Christophe enchaîne les interviews. Les heures passent et cela fait presque 04h00 que les hommes roulent. Ils s'arrêtent devant une boulangerie pour manger, comme trois copains. Les évadés goûtent l'air comme des moments qui n'ont pas de prix. Ils reprennent la route mais cette fois, direction Paris avec des pointes à 230 km/h. Christophe Khider veut changer de voiture contre l'avis de son complice Omar Top El Hadj qui désire la garder. A 21h30, ils sont de retour à Paris. Quai de Bercy, l'otage est relâché avec toutes ses affaires, son téléphone et sa carte bleue.

Une fois libéré, Philippe Dubois appelle la police en donnant le signalement de la voiture qui est repérée à Fontenay-sous-Bois, vers 05h10, par les hommes de la BAC. Les deux fugitifs sont repris à Créteil par les forces de l'ordre. Christophe Khider est blessé par balle, l'évasion n'aura duré que 38 heures. Deux balles dans le thorax, Christophe est en réanimation. Sa mère est là, au pied de l'hôpital. Elle déclare à la presse qu'il faut s'interroger sur le choix de son fils qui a foncé sur la police préférant mourir que de retourner en prison ; dans ce qu'il appelle le tombeau que la société lui a préparé. Christophe Khider doit comparaitre une nouvelle fois devant une cour d'assises. Ses complices Sylvie Piciotti, Nadia, Omar Top El Hadj et Eugène Babe sont à ses côtés dans le box.

Une personne manque à l'appel. Sa mère, Catherine Charles, est décédée le 10 mars 2011 quand le procès s'ouvre, le 3 avril 2013, à Lyon, située dans le quart sud-est de la France. Le Groupement d'Intervention de la Police Nationale (GIPN) et le RAID sont présents dans la salle des « pas perdus » du tribunal. Et des hélicoptères survolent le secteur. La surveillance est à son plus haut niveau. L'avocat de Christophe Khider dévoile aux journalistes, dès le premier jour, la direction de son combat qui sera contre les prisons, expliquant que le prisonnier qui n'a pas d'autres choix a le devoir de s'évader. La cour sait qu'il va être difficile de juger l'accusé principal.

Deux femmes, Sylvie et Nadia, dans le box des accusés risquent la prison à perpétuité. La cour donne la parole à Nadia sans qui l'évasion n'aurait pas été possible, puis à Sylvie, très éprouvée après quatre années de détention provisoire. Les témoins et otages qui défilent à la barre sont toujours traumatisés. Jacqueline Dufournet, l'avocate générale, réclame entre 18 et 20 ans de prison pour les deux accusés principaux. À la fin des plaidoiries, Christophe Khider se lève. Il prend la parole pour dénoncer les conditions de détention des hommes que l'on prive de leur liberté. Il ne veut pas ressembler à certains hommes qu'il a croisés en prison et qui n'avaient presque plus de visage humain. Pour lui, l'évasion est la seule solution pour se battre contre une société qui emprisonne.

Après sa déclaration, Christophe Khider, qui ne se voit pas sortir de prison aux environs de 2050, quitte le box des accusés. Il n'est pas là pour entendre le verdict : 15 ans de plus pour lui et son complice Omar Top El Hadj, le 21 avril 2013. Sylvie Piciotti est condamnée à 5 ans dont la majeure partie a été effectuée en détention provisoire. Même peine pour Nadia et Eugène Babe.

Le code pénal est formel : « Il n'y a pas de confusion de peines possibles pour les évasions et tentatives d'évasion ». Ce qui signifie que la sanction prononcée pour ce motif se cumule avec celles qui pesaient déjà sur l'accusé. C'est ce que confirme l'avocat de Christophe Khider, maître Delphine Boesel. La facture s'est alourdie considérablement. Son client déjà condamné à 30 ans de prison pour meurtre ne peut donc voir ses condamnations pour tentative et évasion se confondre. Chaque peine devra être effectuée de manière consécutive. Christophe Khider va devoir purger une peine de quarante-huit ans. Même avec des remises de peine, il ne peut pas espérer retrouver la liberté avant une vingtaine d'années s'il n'y a pas d'évolutions législatives. Ces dispositions sont rappelées dans les articles 132-2 à 132-5 : « les peines prononcées pour le délit d'évasion se cumulent, sans possibilité de confusion, avec celles que l'évadé subissait ou celles prononcées pour l'infraction à raison de laquelle il était détenu ». Ainsi Christophe Khider ne pourra pas espérer une libération avant 2052, il sera âgé alors de 81 ans. À moins qu'une nouvelle évasion…

1998 - Antonio FERRARA

Antonio Ferrara voit le jour le 12 octobre 1973 à Cassino, une ville italienne située dans la province de Frosinone, au sud de l'Italie. Sa famille et lui arrivent en France alors qu'il est âgé de 10 ans et s'installent à Choisy le Roi, une commune située dans le département du Val-de-Marne. Les parents et les six frères et sœurs vivront dans un appartement de type F5 au cœur du quartier Gabriel. La mère est femme de ménage à Rhône-Poulenc, un groupe chimique et pharmaceutique, tandis que son père, carrossier de métier, vend des pizzas sur les marchés. C'est une famille dont la vie est rythmée par le travail et qui essaie de s'en sortir.

L'existence est difficile dans ce quartier populaire, plus encore lorsqu'on vient d'Italie et que le réseau familial n'est pas là pour vous aider. Antonio est scolarisé dans le collège Jules Vallès. Ses enseignants parlent d'un garçon agité qui n'en fait qu'à sa tête mais avec lequel ils passent de bons moments, malgré ses lacunes dans la langue française. Antonio que tout le monde appelle « Nino » est un petit gabarit d'1,65 mètre. Son professeur de sport en garde un excellent souvenir et lui souhaite bonne chance. Ferrara arrête ses études en classe de 3ème. Antonio traîne dans sa cité et les ennuis commencent. Quelques bagarres, quelques insultes à agents et quelques semaines de prison. Sans travail, il se rapproche de certains malfrats de son quartier.

La cité Gabriel est l'une des plaques tournantes du trafic de drogue de Choisy le Roi. Le frère ainé Luigi Ferrara et Antonio sont les principaux dealers de la cité. Luigi est arrêté en possession d'héroïne et interdit de territoire, mais le trafic prend de l'ampleur et la police s'intéresse sérieusement à Antonio. En novembre 1985, les policiers font une descente dans la cité Gabriel, mais « Nino » n'est pas là et reçoit une convocation chez ses parents. Antonio choisit de disparaître et de partir en cavale. Il se cache dans le Val-de-Marne prés de sa cité. Sans argent, âgé seulement de 22 ans, il bascule dans la délinquance.

Le 9 novembre 1995, il se rend dans un hôtel de la zone commerciale de Choisy le Roi avec Kamel Demouly, un copain. Antonio a un sac à la main lorsqu'il s'arrête devant la chambre 301 de l'hôtel Ibis pour rencontrer un certain Fabrice Coly, un Lyonnais avec qui il est en affaire. Le ton monte très vite. Ferrara menace Coly de le tuer et sort de son sac un fusil à pompe. Il tire, Coly a presque le bras arraché mais survivra tandis que son copain Kamel demande à Ferrara de l'achever. Antonio et Kamel se sauvent, la réceptionniste les voit passer, elle reconnaitra Ferrara sur des photos de délinquants présentées par la police. Nino est désormais recherché pour tentative d'assassinat. De délinquant de banlieue commence son ascension dans le milieu du grand banditisme.

Un an et demi plus tard, Antonio Ferrara fait ses premières armes de braqueur dans la commune de Soisy-sur-Seine dans l'Essonne, à 40 kilomètres de Paris. Le 10 avril 1997, c'est presque l'heure de la fermeture lorsqu'il entre en compagnie d'un complice dans une agence bancaire. Contre la menace d'un fusil, les deux malfaiteurs se font remettre le contenu du coffre, un butin misérable qui s'élève à 20 000 francs (environ 3 050 euros). Ferrara commet une erreur de taille, il laisse derrière lui les bandes vidéo des caméras de surveillance.

Sur les images, les policiers n'ont aucun mal à l'identifier. Il est désormais recherché aussi pour braquage de banque. Trois semaines se passent, alors que des hommes de la Police Judiciaire (PJ) patrouillent à Paris à la hauteur de la porte d'Italie. L'un des policiers, Thierry Groussaud, originaire du Val-de-Marne sursaute. L'homme qui attend au coin du boulevard Auguste-Blanqui, il le connaît. C'est un homme recherché qui répond au nom d'Antonio Ferrara. Il dit à ses collègues que c'est une pointure. Il leur demande de revenir sur lui étant sûr de son identification. Les policiers décident de se mettre en planque et surveillent Ferrara qui, une rose à la main, a sans doute un rendez-vous galant. Alors que le suspect se dirige vers la porte d'Italie, le top d'interpellation est donné à 20h15. L'homme étonné est plaqué au sol par un inspecteur. Le suspect dément être Antonio Ferrara et présente un passeport italien au nom de Massimiliano Ferrara. Il précise qu'Antonio est son frère et que les policiers font erreur. Les deux frères se ressemblent, mais les policiers décident de comparer les empreintes digitales. Antonio Ferrara est confondu, c'est bien lui.

Antonio Ferrara est incarcéré à la prison de Fleury-Mérogis, c'est la plus grande prison de France avec 3 600 prisonniers qui vont du menu fretin au gros poisson. Ferrara, classé dans la case des braqueurs est un caïd respecté, un détenu sans problème mais qui n'a qu'une idée en tête, se faire « la belle ». Son emploi du temps est rythmé par les promenades et les convocations chez le juge d'instruction.

Pendant un an, Ferrara est un détenu modèle qui ne se plaint jamais. Toutefois, il monte un plan prétextant qu'il souffre des pieds. Le 7 août 1998, un fourgon cellulaire le conduit à l'hôpital de Corbeil-Essonnes situé à 29 kilomètres au sud-est de Paris. Il arrive au service de rhumatologie mais la consultation n'aura jamais lieu. Trois hommes cagoulés pénètrent dans la salle d'attente avec des revolvers et aspergent les gardiens d'un gaz lacrymogène. Ils ont aussi un coupe-boulons pour sectionner les menottes. Ferrara se sauve sur ses deux pieds, libre et de nouveau en cavale. La police diffuse une circulaire de recherche le classant comme « individu dangereux ». Une longue cavale qui va durer près de trois ans pendant laquelle il va créer des liens avec le milieu du banditisme corse, « le gang de la Brise de mer », un groupement criminel actif depuis la fin des années 1970 qui doit son nom à celui d'un bar du vieux port de Bastia, en Haute-Corse, lieu de réunion pour certains de ses membres.

Le gang a commencé par se faire connaître en commettant des braquages de banques, arrachages de coffre-fort, pour ensuite se diriger vers les attaques de fourgons blindés. Le gang n'a pas pour habitude de faire alliance avec des délinquants de la banlieue parisienne, mais se serait approché de Ferrara pour qu'il les aide dans l'évasion de Jacques Mariani, considéré comme l'un des grands parrains corses. Il n'est autre que le fils de Francis Mariani, l'un des fondateurs de la « Brise de Mer ». À la veille de préparer l'évasion de Jacques Mariani, le père, Francis, constate que beaucoup des membres du gang ne sont pas là, tout au plus trois ou quatre personnes dont Antonio Ferrara. C'est à ce moment que Francis Mariani déclare : « Je sais maintenant qui sont mes vrais amis ! ».

Antonio Ferrara vient d'obtenir son billet d'entrée dans l'organisation corse. Durant les années de cavale, Ferrara va avoir une activité très lucrative avec de nombreuses attaques de fourgons blindés. Il va parfaire sa connaissance des explosifs et apprendre, avec des professionnels, les réflexes du grand banditisme. Parmi ces attaques, l'une d'entre elles va faire date dans la carrière de Nino.

Nous sommes le 5 mai 2000 à Nanterre, la 2ème commune du département des Hauts-de-Seine la plus peuplée après Boulogne-Billancourt. Un fourgon blindé se dirige vers le bureau de poste du centre-ville. Les convoyeurs sont inquiets par la somme qu'ils transportent, 26 millions de francs (environ 4 millions d'euros). A 14h30, le fourgon s'engage dans la rue Volant, étroite et à sens unique. Ils sont à 100 mètres de leur destination lorsqu'une fourgonnette de la poste s'arrête en face en plein milieu de la rue. Dans le rétroviseur, le chauffeur qui a un mauvais pressentiment regarde un homme à l'arrière du fourgon qui place des cales sous les roues pour l'immobiliser.

Plusieurs malfaiteurs se dirigent vers le fourgon blindé en tirant de nombreuses rafales d'armes automatique. L'un des convoyeurs riposte blessant l'un des assaillants. Joseph, le chauffeur, est touché, les malfaiteurs se réfugient au centre du fourgon. Avec des explosifs, le côté du fourgon est éventré, tandis que les convoyeurs perdent connaissance. A leur réveil, les pompiers sont présents pour porter secours. Les malfaiteurs sont partis depuis un moment avec 11 millions de francs (un peu moins de 2 millions d'euros). Il reste 15 millions de francs à l'intérieur (un peu plus de 2 millions d'euros). 17 balles ont percé le blindage et blessé les convoyeurs. Le chauffeur décède quelques jours plus tard. Le braquage déclenche une grève générale des convoyeurs dans toute la France. Une délégation est reçue au ministère de l'Intérieur.

Les policiers ont pour mission de faire arrêter ces attaques de fourgons blindés où le nom d'Antonio Ferrara revient à plusieurs reprises au gré des enquêtes et des indicateurs. A Paris, porte de Gentilly, le 26 décembre 2000, le nom de Ferrara revient de nouveau. En pleine rue, un fourgon de la Brink's est pris en sandwich entre deux camions et attaqué. C'est une véritable scène d'horreur sous les yeux des passants ; rien n'est laissé au hasard, tirs à l'arme automatique et explosifs. Les braqueurs réussissent à s'enfuir avec des sacs de billets dans des voitures équipées de gyrophares. Quelques minutes plus tard, les policiers sont sur place pour relever les premiers témoignages et les premiers indices.

Un braquage qui rappelle celui de Nanterre, un véhicule bloquant à l'avant, un autre à l'arrière, les roues bloquées par des cales, une brèche à l'arrière du fourgon, parfaitement rectangulaire à l'endroit du coffre-fort. Les braqueurs sont partis avec 41 millions de francs (environ 6 millions d'euros). Cette fois, pourtant, les policiers reçoivent un renseignement providentiel. Un passant qui se trouve sur les lieux prend le risque de prendre les braqueurs en filature et réussit à loger l'équipe dans un pavillon de la région parisienne. Le lendemain, à 06h00 du matin, les hommes de l'OCRB et de la BRB investissent les lieux et arrêtent cinq des braqueurs. Ils saisissent un véritable arsenal d'armes automatiques, des gyrophares et bandeau de police ainsi que les 41 millions de francs dérobés. La BRB estime qu'ils ont mis la main sur l'une des plus grandes équipes de braqueurs des dernières années.

Avant de partir, une partie des braqueurs a fêté allégrement la victoire. C'est sur cette table que les policiers retrouvent les empreintes d'Antonio Ferrara, mais lui s'est évaporé. Les policiers soupçonnent Antonio d'être l'artificier à l'origine de l'attaque du fourgon blindé, comme celui de Nanterre où la découpe rectangulaire est presque parfaite. Le 23 novembre 2001 à Toulouse, la quatrième ville la plus peuplée de France (après

Paris, Marseille et Lyon), située dans le Sud-ouest, un fourgon blindé de la société Valiance est attaqué par un commando de huit à dix personnes équipées de Kalachnikov et de Famas, alors qu'il revenait de la Banque de France. L'un des assaillants est blessé.

L'attaque est un échec, le chauffeur réussit à enlever les cales placées sous le véhicule, foncer dans le véhicule 4X4 installé au milieu de la route pour empêcher l'accès et s'enfuir. Les policiers de la BRB décident de se rendre à Toulouse. Le mode opératoire ressemble à celui de l'équipe d'Antonio Ferrara qu'ils essaient de coincer. Une fois sur place, les policiers relèvent tous les numéros de téléphone qui ont borné autour de l'attaque. Parmi les presque un million d'appels téléphoniques, les techniciens réussissent à isoler les numéros qui ont sans doute participé au repérage et à l'attaque. L'un des malfaiteurs commet une erreur et utilise son téléphone portable en Corse. Les policiers réussissent à le localiser, ainsi que ses complices.

Les hommes de la BRB commencent à suivre les hommes qu'ils pensent avoir identifié et qui les rapprochent un peu plus de la « Brise de Mer ». Six mois après l'attaque, un homme essaie d'acheter un téléphone portable dans une boutique des Champs-Elysées avec de faux papiers. Il s'agit d'Alexandre Vittini. Les policiers l'interpellent pensant tenir l'homme blessé durant l'attaque de

Toulouse, mais l'examen médical ne révèle aucune blessure.

Lors de son interpellation, l'homme détient plusieurs puces de téléphone dont certaines sont connues de la BRB et de l'OCRB. Ils établissent également son lien avec Antonio Ferrara et sont surpris que cet homme, issu de la banlieue parisienne, ait pu appartenir au grand banditisme. Il est présenté surtout comme un individu qui manie parfaitement les explosifs et qui a réussi à se faire admettre dans ce milieu très fermé. En fait, Antonio Ferrara est loin d'être seulement un homme de main. L'étau se resserre autour de lui. Au mois de juillet 2002, les policiers découvrent son « talon d'Achille ». Antonio Ferrara est localisé à Athis-Mons en banlieue parisienne, à 12 kilomètres au sud-est de Paris. Grâce à un renseignement les enquêteurs localisent sa concubine et opèrent une surveillance.

La compagne d'Antonio travaille à l'aéroport d'Orly. Les fonctionnaires surveillent le moindre de ses déplacements. Le téléphone de Ferrara borne à proximité de la gare d'Athis-Mons, sa moto est identifiée, il n'y a plus qu'à attendre qu'il vienne la récupérer. Avec un fourgon, les policiers veulent intercepter l'homme devant sa moto avant qu'il ne démarre mais rien ne se passe comme prévu. À cause d'un freinage un peu brutal, les hommes à l'intérieur du fourgon sont déséquilibrés. Ferrara qui sent le piège s'enfuit en courant, montant les escaliers vers la gare. Il essaie d'attraper son pistolet automatique dans son sac à dos mais trébuche en haut des marches. Les policiers le plaquent au sol.

Les hommes de la BRB et de l'OCRB procèdent ensuite à la perquisition de son appartement. Ce qu'ils trouvent confirme leurs soupçons : un ticket d'un restaurant « Flunch » de Portet-sur-Garonne situé à quelques kilomètres de Toulouse, daté du 14 novembre 2001, la semaine avant l'attaque du fourgon blindé, 28 000 euros retrouvé dans un sac de linge, enfin un croquis sur l'attaque d'un fourgon blindé avec les trajets et les sommes transportées. Antonio Ferrara est aussi en possession de renseignements confidentiels comme le nom des convoyeurs et leurs adresses personnelles. Ferrara est placé en garde à vue dans les locaux de l'OCRB. L'homme est agréable et tout se passe bien, sauf sur les faits où Antonio ne livre rien. C'est à ce moment que Karim Achoui devient son avocat, qui n'obtient pas plus de détails sur ses activités. Antonio Ferrara est incarcéré à la prison de la Santé et tout de suite s'emploie à préparer son évasion. Les gardiens trouvent des explosifs dans sa cellule, il est immédiatement transféré à Fresnes.

Avec ses complices il échafaude un nouveau plan d'évasion. Nous sommes à la prison de Fresnes, un établissement pénitentiaire français situé dans le département du Val-de-Marne. Avec Fleury-Mérogis et la prison de la Santé, Fresnes est l'un des trois principaux établissements pénitentiaires de la région parisienne, et aussi l'un des plus importants de France.

En 1978, l'administration décida d'y faire entreposer la guillotine, désirant faire de la prison le seul lieu habilité aux exécutions capitales en France, un emplacement spécial en béton étant réservé pour monter l'instrument. Cependant, la « veuve » y restera muette. Les derniers détenus qui ont été transférés à Fresnes en vue de leur éventuelle exécution sont tous graciés ou ont eu leur peine convertie à la suite de l'abolition de la peine de mort le 9 octobre 1981.

Il est 04h15 du matin le 12 mars 2003, trois voitures s'arrêtent le long du mur d'enceinte le long de la prison. Dans le mirador 4, le surveillant Damien Delmotte vient de prendre son tour de garde. Lorsqu'il entend des claquements de portières, il passe la tête par la fenêtre, le quartier n'est pas habitué aux bruits à cette heure de la nuit. Le gardien remarque trois hommes habillés de noir et cagoulés. Ils sont armés et rapidement des coups sont tirés, la vitre du mirador part en étoile. Damien donne immédiatement l'alerte par téléphone.

Dominique Prado, qui assure la surveillance dans le mirador 3 entend les tirs. Elle est de faction dans le quartier disciplinaire. Elle s'approche à son tour de la fenêtre et a juste le temps de se baisser avant qu'un projectile la frôle au-dessus de sa tête. Une balle a traversé la vitre blindée. Dominique prend le téléphone pour appeler le contrôle, aucune réponse. Pour détourner l'attention, les malfaiteurs mettent le feu à plusieurs voitures stationnées et se concentrent sur la porte-chantier réservée aux livraisons. Une explosion retentit qui laisse penser que les hommes cherchent à pénétrer dans la prison. Damien tire une seconde cartouche dans la direction, sans effet. Terrorisée, Dominique Prado se réfugie dans l'escalier du corridor. Elle pense sa mort certaine, sans aide, ni renfort. L'un des assaillants pénètre dans la prison grâce à une ouverture faite dans le portail. Une seconde explosion a lieu au niveau du quartier disciplinaire, un assaillant ressort avec un détenu en t-shirt et survêtement.

Les deux hommes se dirigent vers le mur d'enceinte et s'enfuient par le trou laissé par l'explosion de la porte-chantier. Antonio Ferrara vient de s'évader. Il était en prison depuis environ huit mois pour trois attaques ou tentatives de transports de fonds, deux vols à main armée et une tentative d'assassinat. Deux ans avaient été nécessaires aux hommes du commissaire divisionnaire Hervé Lafranque, directeur de l'Office Centrale pour la Répression du Banditisme (OCRB) pour l'arrêter. Une attaque à l'explosif, c'est une première en France contre l'administration pénitentiaire et l'autorité judiciaire. Pour les autorités l'affront est terrible.

L'enquête est confiée aux hommes de l'Office Central pour la Répression du Banditisme (OCRB) et la Brigade de Répression du Banditisme (BRB). Ils cherchent des indices susceptibles de les mettre sur la piste de Ferrara et de ses complices. Le sol est jonché de douilles. Sur la porte-chantier, une découpe parfaite. C'est là que les policiers trouvent les premiers éléments avec des traces de sang qui laissent penser que l'artificier s'est sans doute blessé. Sur la fenêtre grillagée de la cellule de Ferrara on relève les traces de deux explosions, l'une intérieure et l'autre extérieure. Derrière le lavabo de la cellule, est découvert un trou béant qui est en fait une cache bien remplie. On retrouve à l'intérieur deux pains d'explosifs et deux détonateurs non utilisés. Antonio Ferrara a bénéficié vraisemblablement de la complicité de certains membres de l'administration pénitentiaire.

Ferrara a toutefois commis une erreur. Sans doute sonné par les explosions, il a oublié sa veste dans la cellule. A l'intérieur, les policiers découvrent un téléphone portable. Dans ce téléphone se trouve une conversation toute récente, enregistrée de manière fortuite entre Ferrara et l'un des assaillants dans la voiture. L'appel, parvenu sur le téléphone de Ferrara a sans doute été déclenché involontairement par quelqu'un se trouvant dans le véhicule et qui s'est assis sur un téléphone mobile, provoquant un nouvel appel vers le dernier numéro composé. Et ce numéro était celui de Ferrara. Après avoir sonné dans le vide, le téléphone du destinataire a mis en route la messagerie. Dans cette conversation, un certain Doumé à l'accent corse se plaint d'être blessé à l'œil et réclame un médecin.

Un autre homme lui dit que Achoui connaît un médecin, or l'avocat de Ferrara s'appelle Karim Achoui. Les policiers le soupçonnent d'être l'un des complices de l'évasion. L'avocat a d'ailleurs demandé un parloir, 24 heures avant l'évasion. Après l'entrevue, refusant la fouille, Ferrara a été transféré au quartier disciplinaire. Sa cellule située au milieu du bâtiment dont il est difficile de s'évader n'offre que peu de possibilités, alors que la cellule au rez-de-chaussée du quartier disciplinaire, face à la porte de chantier, est plus accessible pour les douze hommes du commando qui l'ont fait évader. Le transfert a donc été largement prémédité. Refusant la fouille, Ferrara savait très bien qu'il serait puni par une sanction disciplinaire, donc son placement dans ce quartier : des moyens considérables pour un homme âgé seulement d'une trentaine d'années.

Sur le portail de la prison, les spécialistes de la Police Technique et Scientifique (PTS) découvrent une découpe parfaitement rectangulaire, comme sur les fourgons blindés de Gentilly et Nanterre. C'est le résultat d'une technique employée par les artificiers de la préfecture de Police appelée, « la charge creuse ». Après son évasion de la prison de Fresnes, Antonio Ferrara devient le criminel le plus recherché après Yvan Colonna. Tous les policiers sont mobilisés, c'est une question de principe et surtout d'honneur.

En juillet 2003, cela fait 4 mois que Ferrara s'est évadé, les policiers sont à ses trousses. La localisation des portables utilisés durant l'opération sont de nouveau identifiés, près d'une centaine de de numéro. Parmi eux, une conversation entre Antonio et son frère dans laquelle il dit se trouver au bord de la mer et avoir croisé une jeune femme charmante. Ce portable borne à Saint-Raphaël, dans le département du Var. Une douzaine de policiers de l'OCRB foncent vers le sud.

Sur place, les enquêteurs arpentent les bars, boites de nuit, sans trouver de trace d'Antonio. Les appels téléphoniques se font rares sauf une conversation avec un certain « Julio » qui est en fait Hamid Hakkar, très connu des services de police. C'est aussi un évadé, grand trafiquant de résine de cannabis. Il connaît Ferrara pour lui avoir déjà fourni des faux papiers et doit le retrouver à Paris. Grâce aux écoutes, les policiers apprennent qu'Hamid Hakkar doit récupérer une voiture, place du Trocadéro, le 10 juillet 2003. Il propose à Ferrara de le voir ce jour-là, une cinquantaine de policiers commencent leur planque.

Hamid Hakkar, à la terrasse d'un café, se fait livrer son véhicule tout en étant méfiant, observant les personnes se trouvant aux alentours. Hakkar monte dans son véhicule. Arrivé rue de la Convention, il entre dans un bar pour rencontrer des personnes inconnues des services de police. Le téléphone d'Hamid sonne, les policiers suivent l'appel. C'est Antonio Ferrara qui lui confirme être présent à proximité. Il lui dit qui va le rejoindre sans préciser le lieu exact. Hakkar sort du café et remonte la rue de la Convention, des policiers lui emboitent le pas. Une dizaine de mètres plus loin, Ferrara est assis au milieu d'une terrasse bondée de monde. Très tendu, Antonio possède une sacoche dont les policiers ignorent le contenu. A ces côtés Malek Bouabbas, un de ses complices.

Antonio Ferrara a un mauvais présentiment, il dit à Hamid Hakkar : « Ça pue ici, il y a des keufs ! ». Malek Bouabbas démarre une moto stationnée un peu plus bas, Antonio Ferrara et Hamid Hakkar montent dessus. À trois ils prennent un sens interdit, les policiers les perdent. Les fonctionnaires de police ont deux choix : décrocher ou poursuivre l'opération. Ils décident de poursuivre. Cinq minutes plus tard, les écoutes les remettent sur la piste de Ferrara qui fixe un nouveau rendez-vous à Hakkar. Pendant la conversation, son téléphone borne dans le 12ème arrondissement à côté de Bercy.

Les policiers ressortent tout le travail effectué depuis le début sur la surveillance et découvrent que, dans l'arrondissement, deux établissements ont déjà fait l'objet de surveillances. Parmi eux, le Peanut's Café au 102, rue de Bercy où les policiers repèrent la même moto aperçue rue de la

Convention. Les policiers se divisent en deux groupes pour se répartir sur les deux entrées, l'une située devant et l'autre derrière. La décision d'interpeller est prise en espérant que Ferrara se trouve à l'intérieur. Les trois hommes, Malek Bouabbas, Hamid Hakkar et Antonio Ferrara se trouvent à une table à la gauche du bar. Les hommes, après une légère résistance, sont plaqués au sol et interpellés. Ferrara n'a pas de grenade mais un pistolet Tokarev, une arme rare qui tire des balles de calibre 11.62. Conduit en garde à vue, une fois de plus, Antonio Ferrara n'avoue rien. Après 4 mois de liberté, il devient le prisonnier le plus surveillé de France.

Aussi bien durant sa garde à vue que durant son instruction, Antonio Ferrara ne prononcera aucun aveu. Tout le monde espère qu'il le fera durant les 20 audiences qui l'attendent pour 10 procès différents. Ferrara a de la répartie, beaucoup d'humour. Il est comme un gangster à l'ancienne qui accepte sa condition de truand, il n'en veut à personne, c'est la vie qu'il a choisie entre liberté et incarcération. Durant sa détention, pas moins de 27 surveillants se relaient pour le surveiller, il est changé régulièrement de cellule et les contacts avec les autres prisonniers lui sont interdits.

Le 2 octobre 2008, s'ouvre le procès de son évasion de la prison de Fresnes devant la cour d'assises de Paris. Compagnie Républicaine de Sécurité (CRS), armes d'assaut, gilets pare-balles et dispositif exceptionnel pour surveiller les débats. Même le box de la cour d'assises a été blindé, Antonio Ferrara est devenu une figure du grand banditisme. Dans le box, 21 personnes sont présentes dont le fameux Dominique Battini dit « Doumé », celui qui a laissé son sang sur la porte de la prison de Fresnes. C'est le seul qui reconnaît sa participation à l'évasion. Ferrara, le principal accusé, disculpe tout le monde y compris son ancien avocat Karim Achoui, accusé de complicité. La cour détaille les faits, une évasion à l'arme de guerre, aux explosifs, et une tentative de meurtre sur les deux gardiens réfugiés dans les miradors.

L'ambiance est tendue. Jeanine Drey, la présidente de la cour, est très vite contestée par l'ensemble des accusés. Les incidents se multiplient jusqu'à l'émeute quand Ferrara fait passer un petit papier à son avocat. Des coups entre un gardien et Ferrara sont échangés et la bagarre éclate. La présidente demande à Antonio Ferrara de faire cesser l'altercation ce que ce dernier accepte en demandant la paix à ses complices co-accusés. Une attitude que l'accusation utilise désignant Antonio Ferrara comme un chef de bande. Ferrara perd la partie. Lui et Dominique Battini récusent leurs avocats et refusent de revenir dans le box après la suspension de séance.

La présidente décide de continuer le procès avec les autres personnes présentes dont l'ex-avocat Karim Achoui. Son nom avait été évoqué dans les écoutes de la voiture après l'attaque, dans la recherche d'un médecin pour Dominique Battini. Achaoui réussit à démontrer qu'il n'a reçu aucun appel cette nuit-là, même s'il était peut-être susceptible de connaître un médecin. De toute manière, il se serait refusé à toute aide. La présidente lui reproche également le parloir, la veille de l'évasion, pour permettre à Ferrara d'obtenir une cellule plus proche de la porte de sortie de la prison de Fresnes. Karim Achoui précise qu'il s'agissait de la demande d'un juge d'instruction désireux d'entendre Ferrara dans une autre affaire, en vue d'une nouvelle mise en examen.

Le procès dure dix semaines, le verdict tombe le 15 décembre 2008 à 01h00 du matin. Ferrara et quatre autres accusés ne sont pas revenus. Le principal accusé, Antonio Ferrara, est condamné à 17 ans de prison. Dans la salle des « pas perdus » c'est la révolte. Karim Achoui est reconnu coupable, il est condamné à 7 ans de prison. L'ex-avocat part directement en prison. Hocine Kroziz, un surveillant de Fresnes qui a fourni les explosifs à Ferrara, est condamné à 12 ans de prison. Prévoyant, il est arrivé à l'audience avec ses bagages.

Selon l'avocat général Jean-Paul Content, le procès est un immense fiasco. Des peines très lourdes, des carrières brisées, des vies traumatisées. Mais ce que la presse et le public retiendra du procès, ce sont les incidents d'audience, les bons mots de Ferrara, son numéro de charme. Le 23 octobre

2010, Antonio Ferrara qui avait fait appel de son procès verra sa peine ramenée à 13 ans de réclusion contre 17 en première instance. Son ex-avocat, Karim Achoui, est non seulement acquitté, mais totalement blanchi dans cette affaire. Antonio Ferrara comparaît les 21 et le 22 janvier 2003 devant la cour d'assises de l'Essonne pour deux attaques à main armée commises coup sur coup à la Société générale de Soisy-sur-Seine le 10 avril 1997, puis au Crédit mutuel de Yerres, le 27 du même mois. Il est condamné à 8 ans de prison pour le braquage de l'agence de la Société Générale et acquitté pour l'autre.

Le 7 mai 2004, Antonio Ferrara est condamné à 12 ans de prison pour la tentative de meurtre sur Fabrice Coly dans l'hôtel Ibis de Choisy-le-Roi par la cour d'assises du Val-de-Marne. Il est condamné le 9 février 2006 à 15 ans de prison pour l'attaque du bureau de poste de Joinville-le-Pont, avant d'être acquitté dans cette affaire en appel, le 16 mai 2012, par la cour d'assises de Paris. Antonio et son complice, Joseph Menconi, sont condamnés le 22 décembre 2006 à 11 ans de réclusion pour l'attaque du fourgon de la Brink's à Paris, porte de Gentilly. Antonio Ferrara est acquitté en appel par la cour d'assises d'Évry le 9 avril 2009.

Le 10 décembre 2009, la cour d'assises de Paris acquitte Antonio Ferrara, ainsi que huit autres accusés dans le procès pour le braquage d'un fourgon de la Valiance à Toulouse, dans le quartier des Minimes, le 23 novembre 2001, les preuves étant jugées insuffisantes. Lors du procès, Antonio Ferrara déclare : « Je suis évidemment coupable d'avoir fait un certain nombre de choses dans ma vie et je les ai toujours reconnues. Dans cette affaire, je n'y suis pour rien et je ne paierai pas pour ça. Le dossier est vide, on l'a rempli de fantaisie ». Son avocat Lionel Moroni avait d'ailleurs rappelé que le seul élément des policiers était un ticket du restaurant « Flunch » daté du 14 novembre 2001, un peu léger pour envoyer un homme en prison.

Durant sa détention, Antonio Ferrara est transféré à plusieurs reprises dans différents établissements pénitentiaires. Lorsqu'il arrive à la centrale de Lille-Sequedin le 18 décembre 2009, petit à petit l'homme se calme et n'est plus détenu à l'isolement. C'est au cours de son incarcération qu'il se marie et devient père de deux enfants. Son comportement est jugé exemplaire et apaisé, jusqu'à exercer les fonctions d'auxiliaire-coiffeur puis bibliothécaire. Le 1er juillet 2018, alors qu'il se trouve à la prison de Réau, Rédoine Faïd s'évade, mais Antonio devant le chaos demande à regagner sa cellule.

Après dix-neuf ans de détention, Antonio Ferrara quitte la prison de Réau le 8 juillet 2022. Ayant terminé de purger complètement sa peine, sa libération n'est assortie d'aucune condition.

2000 – Christian IACONO

Cette histoire commence dans la commune de Vence dans le département des Alpes-Maritimes, située dans l'arrière-pays niçois. Christian Iacono y vit depuis plus de 50 ans. Il est le maire de la ville lorsque, le 10 juillet 2000, il est arrêté, placé en garde à vue et incarcéré pour viol sur mineur de moins de quinze ans.

C'est son petit-fils, Gabriel Iacono, qui accuse son grand-père, avant même l'affaire d'Outreau qui éclate quelques mois plus tard. C'est une nouvelle affaire qui repose sur les déclarations d'un enfant et qui pose question sur le bien-fondé de la parole d'un mineur. Dans cette affaire qui comporte de nombreuses zones d'ombre, la justice va se trouver en énorme difficulté. Il faudra près de 15 ans pour qu'elle soit résolue.

Le 18 juin 2000, Gabriel Iacono est âgé de 9 ans, il vit à Reims dans le département de la Marne avec ses parents. C'est une grande ville surnommée « la cité des sacres » ou « la cité des rois ». En effet, c'est sur le futur emplacement de la cathédrale Notre-Dame de Reims que Clovis est baptisé par saint Remi et que furent sacrés un grand nombre de rois carolingiens puis capétiens pendant plus de dix siècles. Le champagne, inventé au 17ème siècle par Dom Pérignon au monastère d'Hautvillers près d'Épernay, constitue l'un des atouts historiques de l'économie rémoise. Le jour de la fête des Pères, Gabriel, dans un accès de colère, révèle des actes commis par son grand-père deux ans plus tôt.

Gabriel est dans une rage folle, il est chez sa mère, les parents sont en instance de divorce, il a déjà cassé quelques meubles de sa chambre. Il accuse son grand-père de l'avoir violé à deux reprises, deux ans auparavant entre 1996 et 1998, durant les vacances passées chez lui et dénonce aussi des attouchements sur ses parties intimes. Deux jours après les déclarations, les parents prennent rendez-vous dans un service qui s'occupe de l'enfance maltraitée au sein de l'hôpital de Reims. Gabriel est reçu par une psychologue qui lui pose de nombreuses questions sur les viols qui se seraient produits deux ans plus tôt. Le but du médecin est de déterminer si les déclarations sont crédibles. La psychologue reçoit ensuite les parents pour leur signifier que les faits semblent avérés. C'est une grande claque pour les parents qui doivent maintenant agir pour le bien de leur enfant.

Gabriel est ausculté par le pédiatre qui trouve des cicatrices sur ses parties intimes. Les conclusions de l'examen sont sans appel : L'examen somatique et entretien psychologique permettent d'affirmer des sévices sexuels à type de sodomie chez un enfant de 9 ans. A l'époque des faits énoncés Gabriel en avait 7. Les résultats des analyses viennent confirmer ses dires. A partir de ce moment, tout le monde est persuadé de la culpabilité de Christian Iacono. Les déclarations de l'enfant sont une chose, mais corroborées par les examens médicaux, c'est autre chose. Sa parole est alors jugée crédible. Le père de Gabriel porte plainte pour l'enfant contre Christian Iacono, son propre père. L'enquête de police commence.

Le 10 juillet 2000 à 09h00 du matin, Christian Iacono, maire de Vence depuis 10 ans, a rendez-vous à la mairie avec des policiers qui l'ont prévenu trois jours plus tôt. Il ignore encore la raison de leur venue. Dans son bureau, un officier est arrivé en avance. Iacono s'installe à son bureau et demande alors à l'officier ce qui l'amène. Ce dernier, qui semble embarrassé, lui annonce qu'ils ont une plainte pour viol déposée par son fils pour des faits qui se seraient produits à l'encontre de Gabriel, son petit-fils. Le maire tombe des nues, et demande alors aux policiers ce qu'ils veulent exactement. Ces derniers répondent qu'une perquisition du domicile, pour commencer, serait déjà une première étape.

Une demi-heure plus tard, les policiers embarquent Christian Iacono dans leur voiture. Arrivés à la villa, l'épouse du maire Jacqueline ne se doute de rien. C'est alors que Cécile Iacono, leur fille, arrive à la maison et tombe nez à nez avec les policiers qui fouillent la demeure, procédant à la perquisition annoncée. Cécile interroge son père au regard livide, puis sa mère qui l'informe de la plainte déposée pour des faits de viols sur son neveu Gabriel et petit-fils de son père. La jeune femme ne croit pas un mot de ces accusations. Les inspecteurs vont fouiller méticuleusement chaque pièce de cette maison de 300 m2 avec une attention particulière sur les cassettes vidéo et audio de Christian Iacono.

Sur ces cassettes, des souvenirs de vacances, anniversaires et fêtes de Noël avec les parents de Gabriel, grands-parents et arrières grands-parents. Les enquêteurs vont demander à les visionner toutes, cherchant également dans de possibles faux tiroirs ou cachettes les cassettes qui seraient éventuellement dissimulées. Les policiers sont à la recherche d'un enregistrement cité par Gabriel. Ce dernier déclare qu'avec un jouet servant à faire du karaoké, il passait son temps à tout enregistrer. Il est donc possible qu'il ait gardé une trace de son viol sur l'un des enregistrements. Gabriel raconte que les viols se sont déroulés dans la salle de bains de la maison. Le jeune garçon précise que son grand-père n'était pas seul. Un autre homme l'accompagnait, une connaissance de la famille, un homme d'affaires local, identifié par la police et qui se retrouve accusé d'abus sexuels sur mineur. Christian quant à lui est accusé de viol sur mineur de moins de 15 ans par ascendant. C'est le début d'une longue instruction. Les faits seront jugés 9 ans plus tard.

Gabriel est le fils d'Elisabeth et Philippe Iacono. Cécile et Philippe sont les deux enfants de Christian et Jeanine. Depuis plus de 30 ans, la discorde règne entre le père et le fils, depuis l'adolescence de Philippe. La sœur Cécile rapporte un climat très tendu entre eux deux où de nombreuses discussions avaient lieu sur des sujets importants comme futiles. Un combat de coqs quotidien entre le père et le fils. Philippe, parlant de son père, décrit un homme dominateur qui ne supporte pas la contradiction et qui a construit autour de lui, tant au niveau familial que professionnel, une sorte de secte dont il est le gourou.

En 1991, une trêve est perceptible à la naissance de Gabriel. Pourtant, au fur et à mesure que l'enfant grandit, un nouveau conflit fait son apparition qui se cristallise autour de l'éducation de Gabriel. Christian entre en conflit une fois de plus avec son fils Philippe auquel il reproche une éducation trop rigoureuse. Philippe, quant à lui, reproche à son père d'être laxiste envers Gabriel et de s'immiscer un peu trop dans le développement de l'enfant.

En 1993, Philippe Iacono quitte Vence pour se « libérer du joug paternel ». À Reims, il s'installe avec son épouse Élisabeth et leur fils Gabriel, alors âgé de 2 ans. Philippe décrit la vie avec son père comme un cauchemar, depuis l'enfance, sous l'emprise d'un patriarche écrasant qui le terrorisait par ses colères. Philippe déclare avoir reçu des coups, une éducation à la dure, dénuée de toute affection de la part de ses parents. Son père n'a jamais supporté la contradiction. Des cheveux un peu trop longs, un désintérêt pour le sport et la politique, les deux passions de son père, un refus de devenir « comme papa » le célèbre radiologue de Vence, autant de sujets de discorde entre les deux hommes. Plus tard, l'éducation de Gabriel cristallise les hostilités. Selon Philippe, ses parents ne cessent d'interférer, contredisant son autorité devant son enfant, affirmant que Philippe et Elisabeth sont de mauvais parents, soi-disant trop sévères. Selon les grands-parents, Gabriel manquait d'affection, alors ils ont décidé de le choyer et d'en faire « leur petit roi ».

En 1997, à la suite d'une critique de sa mère sur une punition infligée à l'enfant, Philippe refuse que ses parents revoient son fils. Les grands-parents Iacono obtiennent en justice un droit d'hébergement de deux semaines et demie par an. En 1998, les parents de Gabriel divorcent ; le garçon a 7 ans, il est très agité à l'école. C'est là que tout se noue. À chaque fois qu'il rentre de ses séjours chez les Iacono, ses parents le harcèlent de questions.

La rupture entre Christian Iacono et son fils est actée. Le jeune Gabriel se retrouve à devoir choisir un camp entre les mêmes liens de sang. C'est dans ce contexte qu'apparaissent les accusations de viol sur le jeune garçon par son grand-père Christian. Malgré la séparation des parents, il devient le centre de la famille, un enfant qu'il faut défendre et choyer. C'est dans ce contexte que Gérard Baudoux, l'avocat de Christian Iacono, souligne les incohérences dans les déclarations de Gabriel. En effet, en juillet 2000 lors de la perquisition, les policiers recherchent en vain un enregistrement cité par Gabriel. Mais voilà, la cassette n'a jamais été retrouvée. Pourtant l'enfant est cru. Pour les policiers et le magistrat, la parole de l'enfant est prise au sérieux.

Le 6 avril 2009, devant la cour d'assises des Alpes-Maritimes, le procès se déroule dans une ambiance de plomb. Christian Iacono arrive au tribunal pour y être jugé. De son côté, Gabriel désormais âgé de 18 ans arrive à son tour et maintient ses accusations, sauf pour la seconde incohérence soulevée par l'avocat de la défense sur la participation d'un éventuel complice dans la salle de bains. Gabriel avoue que cette histoire a été inventée. Pour l'avocat de Christian Iacono c'est une faille majeure dans le dossier d'accusation. En plus d'un prétendu enregistrement qui lui non plus n'a jamais été retrouvé.

Pendant cinq jours, les témoignages s'enchaînent à un rythme effréné. Parmi les plus attendus, les témoignages des médecins qui avaient examiné Gabriel Iacono. C'est le psychologue Jean-Luc Ployé qui témoigne en premier. Il déclare qu'au vu de l'examen, les faits décrits par le jeune homme sont crédibles et ne montrent aucune amplification. Les autres experts convoqués iront dans le même sens. Après trois jours de procès, Christian Iacono est reconnu coupable de viol sur son petit-fils. Il est condamné à 9 ans de réclusion criminelle, le 9 avril 2009. C'est un choc psychologique important pour Christian qui continue d'être soutenu par son épouse et sa fille qui, comme lui, savent qu'il est innocent.

Incarcéré à la prison de Grasse, ville située dans le département des Alpes-Maritimes et réputée pour ses parfums depuis le 17ème siècle, Christian Iacono décide de faire appel de la décision. L'homme est persuadé que ce second procès va mettre en lumière les incohérences troublantes révélées par son petit-fils, comme les fractures qui frappent la famille Iacono. Depuis le début de cette affaire, Christian ne cesse de décrire l'atmosphère électrique dans laquelle évolue le petit Gabriel. Le 22 février 2011, la cour d'assises d'Aix-en-Provence lors du procès en appel ne retient pas les éléments troublants et condamne définitivement Christian Iacono à 9 ans de prison. C'est un nouveau coup dur pour l'accusé qui toutefois ne baisse pas les bras. Mais trois mois plus tard, Gabriel est à l'origine d'un coup de théâtre.

Le 3 mai 2011, Gabriel Iacono se rétracte des accusations portées contre son grand-père dans un courrier adressé au parquet de Grasse. Cinq pages dactylographiées à l'ordinateur signées par le jeune homme : « [...] A l'âge de 9 ans j'ai inventé une histoire, une histoire absurde, horrible, j'ai accusé mon grand-père de m'avoir violé, cela fait 11 ou 12 ans que mon grand-père est sali, condamné, alors qu'aujourd'hui je suis le seul coupable de cette histoire, je ne peux plus me regarder dans un miroir, je souffre, je me déteste, j'ai honte, j'espère un jour pouvoir revoir mon grand-père et qu'il accepte de me pardonner, aujourd'hui vous êtes seuls à pouvoir faire quelque chose [...] ». Gabriel n'a prévenu personne de sa rétractation, pas même ses parents qui l'ont toujours soutenu. Ils ont appris la nouvelle par la presse. Sur le blog d'une journaliste, sa mère Elisabeth réagit et lui adresse une lettre ouverte : « J'ai été ton plus fidèle allié, en ce sens que j'ai encaissé douze ans de crises journalières, quatre tentatives de suicide, deux fugues et diverses scarifications, je suis fermement convaincue que ce qui t'est arrivé est hélas vrai et je ne reviendrai pas dessus ». Les parents de Gabriel refusent de croire que leur fils a menti. En revanche, cette rétractation est un immense soulagement pour Christian Iacono. Il saisit la juridiction d'ultime recours qui siège à Paris, la Cour de révision, la seule instance qui peut annuler sa peine.

A la lecture du revirement de Gabriel Iacono, une nouvelle enquête est ouverte. La Cour de révision, vieille de deux siècles, doit faire la lumière sur cette rétractation. C'est Patrick Bonnet qui en est l'avocat général. Les membres de la Cour doutent de la sincérité de Gabriel Iacono lorsqu'il se rétracte. Aurait-il été influencé ? Un événement survenu trois mois plus tôt les intriguent. La veille du verdict, deux personnes boivent un verre à la terrasse d'un café. Ils ne se sont pas parlé depuis 11 ans. Il s'agit de Cécile Iacono et de son neveu Gabriel, à l'origine du rendez-vous. Lors de cet échange, il déclare à sa tante que lorsque son grand-père sera en prison, il fera une demande de parloir. Cette déclaration intrigue Cécile. Deux mois après l'incarcération de son grand-père, Gabriel Iacono se rend chez sa tante Cécile. Elle le reçoit le temps d'un week-end et c'est chez elle qu'il rédige sa lettre de rétractation. Gabriel la fait lire à sa tante. C'est pour elle un moment intense de soulagement, la vérité qu'elle a toujours sue vient de lui apparaître au visage. Cécile interroge son neveu sur les répercutions d'une telle lettre. Gabriel lui répond qu'il en est conscient. Lorsque Philippe Siogli l'oncle maternel de Gabriel Iacono est informé de cette lettre, il pense d'abord à une machination. Pour lui Gabriel a été acheté. Une hypothèse que Patrick

Bonnet émet également. Il faut dire qu'entre temps, Gabriel avait quitté Reims pour revenir dans le midi où sa tante Cécile s'était porté caution pour un appartement. Les comptes bancaires de Cécile, Gabriel et Christian, sont passés au crible.

Dans son rapport d'enquête, la Cour de révision précise qu'elle n'a trouvé aucun mouvement d'argent important entre les trois comptes. La Cour continue ses investigations et découvre un secret jusqu'à présent bien gardé. En 2005, près de Reims, dans une bâtisse austère figure un internat catholique. Gabriel y est pensionnaire, il a 14 ans. Cinq ans après avoir accusé son grand-père, il alerte ses enseignants sur une agression sexuelle qui dit avoir subie. Il incrimine un camarade d'internat. L'établissement fait une déclaration au procureur de la République qui diligente une enquête.

Les auditions des deux jeunes gens ne permettent pas aux enquêteurs de prouver l'existence d'une telle agression. Gabriel ne porte pas plainte et l'affaire aboutit à un non-lieu. La cour de révision découvre donc ce qui semble être un nouveau mensonge, ce qui occasionne un doute raisonnable sur la crédibilité de Gabriel et de ses premières accusations envers son grand-père. Les parents de Gabriel avaient connaissance de cette affaire mais ne l'ont jamais évoquée lors des deux procès, sur les conseils de leur avocat. Mais alors pour quelle raison cet événement n'a pas été examiné lors de la première instruction de Christian Iacono ? En février 2014, après trois ans d'enquête, la Cour de révision annule la condamnation de Christian Iacono.

La révision de la condamnation de Christian Iacono pose la question du rôle des experts judiciaires. Psychologue, psychiatre, médecin, tous ont jugé fiables les déclarations de Gabriel. Selon Patrick Bonnet, les experts n'ont pas failli dans leurs missions. Recueillir la parole d'un enfant est très compliqué. Il reste désormais à Christian Iacono, une ultime étape : être reconnu innocent. Il va devoir attendre un an de plus pour son dernier procès.

C'est à Lyon, le 25 mars 2015, devant la Cour d'assises, que Christian Iacono est définitivement acquitté. Le grand-père prend son petit-fils dans les bras. Christian Iacono n'arrive pas à en vouloir à Gabriel. Pour lui ce sont les mensonges d'un enfant qui a souffert. Christian Iacono est seulement la 11ème personne à être acquittée depuis 1945, après une erreur judiciaire. En réparation du préjudice, la justice lui a versé 700 000 euros. Depuis, Cécile et Christian ont renoué le dialogue avec Gabriel qui vient leur rendre visite régulièrement. Les parents du jeune homme, quant à eux, continuent de croire Christian Iacono coupable malgré 23 ans écoulés et le passage de la justice. Les plaies familiales ne pourront sans doute jamais se refermer...

2001 – Alfred PETIT

Saint-Jacques-sur-Darnétal, une commune de Normandie située dans le département de la Seine-Maritime. Vivent ici environ 2 500 habitants dans des maisons de style normand, au calme de la campagne et de ses vaches. Un endroit à quelques kilomètres du tumulte de Rouen. Un refuge pour cadres supérieurs comme la famille Roussel. Jean-Jacques est âgé de 51 ans, il est issu d'un milieu modeste.

Jean-Jacques devient ingénieur commercial et travaille pour de grands groupes internationaux, un homme qui sait jouer sur son charisme naturel. Avec son épouse Danielle, il s'est installé à Saint-Jacques-sur-Darnétal, il y a plus de 20 ans. Ils y ont élevé leurs deux enfants. Danielle, quant à elle, travaille à l'université de Rouen. Un travail de secrétaire qui lui laisse du temps libre. Si Danielle Roussel aime rester à la maison en dehors de quelques sorties au théâtre ou au cinéma, son mari quant à lui aime la nature et le grand air. Il a une passion pour l'équitation et s'est même offert un cheval. Le 17 mai 2001, Jean-Jacques se rend dans la grange qu'il loue à l'entrée du village pour s'occuper de son cheval « Raspa ». Il s'y déplace environ tous les deux jours. Le lendemain, 18 mai 2001, à 06h00 du matin, des voisins téléphonent aux pompiers : la grange des Roussel est en feu. Une colonne de fumée noircit le ciel de Saint-Jacques-sur-Darnétal. Il faudra une heure aux pompiers pour maîtriser l'incendie.

Une fois la grange débarrassée de ses flammes, on trouve le cadavre d'un cheval. Mais au milieu des cendres, on trouve également un corps, celui de Jean-Jacques Roussel. La police criminelle est appelée en renfort. Un technicien de la Police Technique et Scientifique (PTS) capture les lieux avec son appareil-photo. A l'entrée du village, des badauds considèrent le tas de cendres d'une grange qu'ils connaissaient bien. Seule l'armature en tôle et ferraille a résisté aux flammes. La voiture Renault, de modèle Clio, avec laquelle Jean-Jacques sillonnait la France a aussi été touchée par les flammes. On remarque que le véhicule a été rempli de ballots de paille avant d'avoir subi les flammes. L'origine de l'incendie est criminelle, cela ne fait aucun doute. Impossible de savoir pour quelle raison le cheval étendu au sol n'a pas fui les flammes, Jean-Jacques quant à lui est surtout identifié grâce à sa montre.

Sous le corps de Jean-Jacques, une cartouche vide de fusil de chasse. Au domicile des Roussel, ce matin-là, seul le fils aîné est présent et ne s'explique pas l'absence anormale de ses parents. Un désordre inhabituel règne dans la cuisine. La mère, d'habitude si soigneuse et ordonnée, a laissé les assiettes sales de la veille. Où est Danielle, qui ne s'est pas présentée à son bureau ce jour-là ? Un avis de recherche est envoyé à toutes les patrouilles. Il faudra trois jours pour retrouver Danielle Roussel, assassinée, elle aussi.

C'est le 22 mai 2001 qu'un promeneur signale aux policiers qu'un corps flottant est présent sur la Seine, à hauteur de Saint-Vaast-Dieppedalle. En fait, il ne s'agit que d'un tronc. Les enquêteurs font le lien avec la disparition de Danielle Roussel dont les bras et les jambes ne seront retrouvés que le lendemain. Pour les habitants des environs c'est le choc, la tête ne sera jamais retrouvée. Le tronc de Danielle a été entièrement vidé de ses organes internes. En leur lieu et place, l'arme qui a servi à tuer son mari Jean-Jacques. Les habitants de Saint-Jacques-sur-Darnétal n'ont jamais connu un tel déferlement de violence. L'autopsie de Danielle révèle que la femme a été assassinée avec la même arme que son époux Jean-Jacques, avant un démembrement des plus méticuleux.

Curieusement, c'est dans la commune de Boos située à proximité, que l'affaire va bénéficier d'un rebondissement inattendu. Le dimanche 20 mai 2001 à 23h30, tout le monde est assoupi dans le quartier de l'église. Des habitants appellent la gendarmerie : une voiture blanche de marque Fiat Uno vient de s'encastrer contre le trottoir qui longe la chapelle. Une patrouille est envoyée sur place. Les gendarmes sont loin de s'imaginer qu'il s'agit de la voiture de madame Roussel. Ils stationnent leur automobile derrière le véhicule, descendent et vont voir l'homme qui se trouve à l'intérieur. L'individu semble chercher quelque chose sur le plancher de la Fiat Uno. Les gendarmes se trouvent face à un homme qui visiblement sent l'alcool, avec un manque d'hygiène de quelques jours.

L'un des militaires interroge l'homme pour savoir s'il a un problème ou a besoin d'aide. L'individu répond qu'effectivement il a un problème et se retourne vers les gendarmes avec un fusil de chasse. Le tireur est concentré sur le premier gendarme, Pascal Bigue. Son collègue, Sébastien Belderain, va tenter d'en profiter, avec sa seule torche lumineuse. Il la projette contre le fusil et déclare : « Ça ne va pas le faire ! ». Toujours concentré sur Pascal, l'individu ne voit pas que Sébastien lui lance la torche dans sa direction. Il tente alors de tirer avec son fusil, mais celui-ci ne fonctionne pas. Les deux gendarmes se jettent sur lui pour le maîtriser mais l'individu est une réelle force de la nature, 1,80 mètres pour 120 kilos, et parvient à s'enfuir à pied. Il a abandonné un sac contenant des cartouches de fusil de chasse « Brenneke » de calibre 12, une parka, ses papiers, et une permission de sortie de prison au bénéfice d'un dénommé Alfred Petit.

L'homme est donc un détenu âgé de 36 ans qui bénéficie d'une sortie temporaire de prison. Un homme au casier judiciaire très chargé. Parmi les faits, une tentative de meurtre sur la personne d'un policier. Les gendarmes appellent des renforts. Cette nuit-là, Alfred Petit devient l'homme le plus recherché de France. Dans leur voiture, les deux gendarmes réalisent qu'ils viennent d'échapper à la mort. Ils retournent vers le véhicule du suspect et constatent des traces de sang dans le coffre. Les militaires continuent leurs investigations et constatent, après vérification, que l'immatriculation du véhicule Fiat Uno est enregistrée au nom de Danielle Roussel. Il est possible que le véhicule ait pu servir au transport du corps. À partir de ce moment, Alfred Petit devient le principal suspect du double meurtre des époux Roussel.

Immédiatement, plus de 300 gendarmes et policiers sont déployés dans la région à la recherche du fugitif. Le lendemain, 21 mai 2001, un équipage héliporté repère Alfred Petit à l'orée d'un champ. Epuisé, le fuyard se rend aux autorités. Alfred Petit a la stature d'un colosse, les cheveux longs. On lui attribue souvent le sobriquet de « Conan le barbare ». Son avocat, Yves Mahiu, se souvient de la première entrevue avec son client qui, dès le début, n'hésite pas à fixer « les règles du jeu ». Elles sont simples, il a l'intention de ne rien dire. Toute la région attend de connaître enfin le mobile d'un tel massacre. Faute d'aveux, la justice part à la recherche de preuves dans le meurtre des époux Roussel et elle va en trouver. La Fiat Uno fourmille d'indices et son examen est confié à la Police Technique et Scientifique (PTS). A l'intérieur du coffre, les techniciens prélèvent trois gants qui seront extrêmement utiles à l'enquête. A l'extérieur du gant, les relevés ADN confirme bien qu'il s'agit du sang de Danielle Roussel. A l'intérieur du même gant, se trouve également l'ADN d'Alfred Petit.

Dans la parka on découvre des cartouches de fusil de chasse de marque Brenneke, un fabricant d'armes et de munitions allemand, basé à Langenhagen en Basse-Saxe. Ces mêmes traces de munitions sont retrouvées dans le corps de Jean-Jacques Roussel et de sa femme Danielle, tout comme dans le véhicule Fiat Uno. Beaucoup de preuves, mais peu d'indices sur les motivations d'Alfred Petit qui garde le silence. Après l'enquête, Alfred Petit est incarcéré à la prison de Rouen durant l'instruction. Pendant ce temps, les corps des époux Roussel sont rendus à la famille pour procéder aux obsèques. Plus de 2 000 personnes sont présentes ce jour-là pour soutenir les deux enfants, Stéphanie et Julien. Le jeune homme trouve le courage de prendre la parole devant la presse et s'insurge contre la permission de sortie donnée au meurtrier présumé de ses parents.

Pour tenter de comprendre le mutisme du suspect, le juge d'instruction ordonne auprès du docteur Florence Delahaye, une expertise psychologique. Cette dernière va déclarer avoir été impressionnée par le personnage. À la limite, Alfred Petit a réussi à lui faire peur. Pourtant, à force de patience et de calme, l'expert va réussir à le convaincre de parler. Il va expliquer, en partie, la genèse de sa violence qu'il doit à une enfance pour le moins particulière et difficile.

Alfred Petit grandit près d'une mère qu'il adore, dont il est dépendant au point d'avoir au début des difficultés de séparation au moment de partir à l'école ou au centre aéré. Quant à son père, Alfred le désigne comme un homme très rigide. D'abord apprenti charcutier, Alfred Petit sénior change de métier par amour de l'ordre et de la discipline. Il a une carrière de policier, dont beaucoup se souviennent dans le village, jusqu'aux gendarmes qui déclarent l'avoir vu plusieurs fois venir au poste avec une fourche et vouloir en découdre avec tout le monde. Dans les environs, Alfred Petit sénior a la réputation d'un homme au fort caractère. La famille vit à Franqueville-Saint-Pierre située dans le département de la Seine-Maritime, près de Saint-Jacques-sur-Darnétal. Alfred Petit virevolte entre des études laborieuses pour devenir comptable puis devient vigile, du moins officiellement, car le jeune homme a une tout autre activité.

Le 2 août 1986, Alfred Petit est âgé de 21 ans. Cette nuit-là, il circule à bord de sa Renault 12, tous feux éteints. Il est pris en chasse par un véhicule de police et le contrôle va très mal tourner. L'un des gardiens de la paix reconnaît le conducteur comme étant le fils d'un collègue, son ennemi juré qu'il déteste. Alfred Petit le sait très bien et le contrôle dérape. Tout commence pourtant comme un simple contrôle routier, un feu rouge grillé et des feux de position éteints. Les policiers sentent le jeune homme tendu, ils décident alors de fouiller le véhicule.

Dans le coffre, les gardiens de la paix découvrent un fusil de chasse au canon scié, un révolver d'alarme, une paire de ciseaux, une matraque, une cagoule et un diamant de vitrier qui représentent tout l'attirail du parfait cambrioleur. Alfred Petit s'énerve, il plaque contre le capot l'un des policiers et arrive même à lui dérober son arme. Il tire et s'enfuit, laissant sa victime, heureusement que blessée, sur le carreau. Les collègues du gardien de la paix lui portent secours. Quant au tireur, il est arrêté dès le lendemain. Un an plus tard, Alfred Petit est jugé pour tentative de meurtre sur la personne d'un policier. Il est condamné à la peine maximum, 15 ans de réclusion criminelle. Dans sa cellule, Alfred n'a qu'une idée en tête, s'évader. Le 23 novembre 1990, il est âgé de 25 ans, cela fait déjà quatre ans qu'il est incarcéré. Alfred Petit est transféré à l'hôpital de Caen pour subir une intervention bénigne. Comme c'est l'usage, les menottes lui sont retirées avant l'anesthésie. Alfred réussit une fois de plus à s'emparer de l'arme d'un policier. Il prend en otage un chauffeur de taxi avant d'être arrêté par les autorités. La justice ajoute dix années de prison supplémentaires pour cette tentative d'évasion. Avec les deux peines cumulées, Alfred Petit ne pourra pas sortir de prison avant 2011. La bête fauve décide de changer radicalement d'attitude. Il se montre un prisonnier modèle et calme, afin d'obtenir des remises de peine et des permissions de sortie. Il mettra dix ans avant d'obtenir une autorisation de sortie.

Le 12 avril 2001, un mois avant le meurtre des époux Roussel. Alfred Petit obtient le droit de passer trois jours chez ses parents. Mais une fois dehors, au moment de rentrer en prison, les vieux démons d'Alfred Petit, refont leur apparition. Il décide de se faire « la belle ». Sa fuite est signalée immédiatement aux services de police et de gendarmerie. Le gendarme Pascal Bigue, comme d'autres, est chargé de retrouver le fuyard. Le seul bémol qui a empêché le gendarme de reconnaître Alfred Petit, le 20 mai 2001, c'est que la photo qui avait été communiquée aux forces de l'ordre datait des débuts de l'incarcération du détenu. Ce dernier a beaucoup changé. Le gendarme est persuadé que beaucoup de collègues, comme lui, ne l'auraient pas reconnu.

Au début de sa cavale, Alfred Petit à 1 000 francs en poche (environ 180 euros). Il se cache dans des petits hôtels de la banlieue de Rouen. L'argent commence à manquer. Il aurait été aperçu dans une grange voisine des Roussel, à Saint-Jacques-sur-Darnétal, le 4 mai 2001. En réalité, il ne s'est pas éloigné de ses parents qui vivent à Franqueville Saint-Pierre. Une proximité qui s'explique par le besoin d'être aidé par ses parents. Le gendarme Pascal Bigue se souvient d'ailleurs que le soir de la tentative d'arrestation, se trouvaient dans le coffre des canettes de coca-cola fraîches, des pommes et des vêtements de rechange propres.

Une hypothèse se dessine alors : le soir, en arrivant dans la grange, Jean-Jacques Roussel trouve Alfred Petit qui, devant l'homme déterminé à appeler les gendarmes, tire un coup de fusil. Autre hypothèse, Danielle Roussel aurait entendu le coup de fusil et se serait à son tour dirigée vers la grange. Il la tue également et met le feu à la grange pour faire disparaître toute trace de sa présence. Mais ces deux scénarios n'expliquent pas la voiture dérobée à Danielle Roussel, le sang en quantité importante présent dans le véhicule et le dépeçage du corps de la victime dont la tête ne sera jamais retrouvée. C'est une affaire hors norme rythmée par le silence du principal suspect. Il parait évident que cette affaire va déboucher également sur un procès hors norme, alimenté par les différentes hypothèses et l'inertie de son principal accusé. Seules les preuves matérielles permettent d'échafauder un scénario.

Le 8 décembre 2003 s'ouvre à Rouen le procès de la Cour d'assises de Seine-Maritime. Toute la ville a fait le déplacement, chacun veut voir la tête du tueur, du dépeceur, et entendre son repentir. Alfred Petit se montre sous son jour le plus détestable, mutique et menaçant. De ses yeux, il cherche les enfants Roussel et les fusille du regard. Julien et Stéphanie sont choqués par l'attitude de cet homme accusé du meurtre de leurs parents. Faute d'aveux, la Cour cherche la vérité dans le dossier.

Les traces ADN, les cartouches de chasse Brenneke de calibre 12, tout prouve sa culpabilité. Après deux jours, un témoignage va faire basculer le procès. A la barre, le médecin légiste qui a autopsié le corps de Danielle Roussel, est formel dans sa déclaration : « Celui qui a procédé au dépeçage est un habitué de ce type d'instrument comme les couteaux. Il est de nature à débiter les bêtes... ». Tous les professionnels qui se sont approchés du cadavre sont d'accord pour dire que c'est l'œuvre d'un chirurgien ou d'un professionnel du maniement des couteaux. Ce qui n'est pas le cas d'Alfred Petit, contrairement à Alfred Petit sénior qui, avant d'être policier, a suivi une formation de charcutier. D'ailleurs, plusieurs ustensiles sont retrouvés chez lui. Les experts ont présenté Alfred Petit comme un monstre. Voilà désormais qu'ils désignent le père comme un ogre.

Alfred Petit sénior s'énerve devant ces accusations et déclare à la presse qu'il n'a jamais vu son fils durant toute sa cavale. Les images choquent les téléspectateurs par le caractère emporté de ce père pour le moins curieux. Devant son écran, Dominique Lemauviel, témoin de l'incendie de la grange de Jean-Jacques Roussel, reconnaît l'homme qu'il a vu sortir du chemin. Ce soir-là, Dominique roule sur la route de Saint-Jacques-sur-Darnétal, lorsqu'il aperçoit le feu d'une grange. Il se dirige vers le sinistre pour voir s'il y a des blessés ou des personnes en difficulté. Il s'approche alors d'un petit chemin et voit deux hommes qui se dirigent vers lui.

L'un des deux hommes, plus âgé, a une démarche assez bizarre. Une fois à leur hauteur, Dominique Lemauviel demande aux deux hommes s'ils ont besoin d'aide. Le plus âgé fait un signe négatif en insistant bien sur le fait que la présence de Dominique n'est pas souhaitée. Le lundi suivant, lorsqu'il apprend le décès de Jean-Jacques Roussel propriétaire de la grange, Dominique se manifeste auprès de la gendarmerie et ne sera jamais rappelé pour apporter son témoignage. Lorsque 18 mois plus tard, l'entrepreneur Dominique Lemauviel reconnaît à la télévision la démarche assez bizarre d'Alfred Petit sénior, il livre son témoignage à une journaliste de « Paris-Normandie ». L'article fait l'effet d'une bombe. Dès le lendemain, Dominique Lemauviel est convoqué devant la Cour d'assises. Après un exercice de marche, imposé à Alfred Petit sénior par le président de la Cour, Dominique n'a plus aucun doute sur l'identité de l'homme qu'il a vu ce soir-là.

Alfred Petit sénior tente de se jeter sur le témoin, les policiers présents s'interposent. Un supplément d'informations est ordonné et les couteaux du père saisis mais, malheureusement, deux ans après les faits les analyses ADN ne montrent rien. Les ustensiles étaient régulièrement utilisés et nettoyés. Appelé à la barre, Alfred Petit sénior nie les faits, s'en prend aux avocats et même aux enfants Roussel. Mais dans son énervement, il va commettre une erreur qui pourrait donner un mobile au meurtre des époux Roussel.

Lors de son témoignage, Alfred Petit sénior déclare à l'attention des enfants Roussel : « C'est vous qui aviez habité un temps dans la maison de maître Pierre Houppe, qui était l'avocat des policiers lors de l'arrestation de mon fils en 1986 ». En fait, l'avocat avait vécu dans une maison voisine des époux Roussel. A la campagne tout se sait. Et si le double crime était une vengeance ? Une hypothèse voit alors le jour, une de plus : le fils serait allé rendre visite à l'avocat. En se trompant de maison, il tire sur les Roussel. C'est alors que l'accusé Alfred Petit s'adresse à son avocat et à la cour, en plein tribunal, pour lui donner l'ordre d'arrêter de supposer l'incrimination de son père. Alfred Petit interdit à son avocat de prendre la parole et désire que sa défense soit muette. C'est trop pour le président de la Cour d'assises qui décide de suspendre le procès.

Un mois plus tard, le 15 janvier 2004, Alfred Petit sénior se pend dans son cabanon de jardin. Un geste de désespoir pour les accusations dont il a fait l'objet ou un geste d'aveux, on ne le saura jamais. Le 3 décembre 2004 s'ouvre à nouveau le procès d'Alfred Petit devant la cour d'assises de Rouen. Le supplément d'information n'a rien apporté de nouveau mais il reste l'espoir d'obtenir des aveux de la part d'Alfred Petit après la mort de son père, qu'il protégeait peut-être ? Ou des révélations de la bouche de sa mère, libérée de l'emprise du chef de famille. Mais l'accusé nie être coupable et clame que la justice a tué son père ; la mère quant à elle accuse le monde d'avoir tué son mari et pris son fils. Le 11 décembre 2004, la cour d'assises de Rouen condamne Alfred Petit à la réclusion criminelle à perpétuité assortie d'une peine de sûreté de 22 ans. Alfred Petit fait appel.

Au terme d'un 3ème procès, la cour d'assises de Paris le condamne, le 15 novembre 2006, à la réclusion criminelle à perpétuité mais cette fois sans peine de sûreté. Mais comme son père le 16 février 2009, Alfred Petit se suicide dans sa cellule en se pendant avec un drap de lit. Il emporte avec lui le mystère du mobile sur cette dramatique affaire…

2005 – Xavier PHILIPPE

Nous sommes à Sucy en Brie, une commune du département du Val-de-Marne, située dans la banlieue sud-est de Paris. Le 17 mai 2005, les policiers font leur ronde dans la ville comme tous les après-midis. Il est environ 15h00 lorsque la patrouille reçoit un appel du standard, un habitant a trouvé une personne allongée dans le petit bois du Piple, près du lycée Christophe Colomb.

A leur arrivée, les fonctionnaires de police trouvent un homme gisant sur le sol, deux blessures importantes à la tête ; sous le visage une flaque de sang. L'examen sommaire du brigadier-chef Edith Mollon laisse penser à l'utilisation d'une arme à feu. A proximité du corps se trouve un sachet plastique contenant une poudre blanchâtre, assimilée à un stupéfiant. Les policiers avisent le parquet de Créteil qui saisit, dans l'urgence, la brigade criminelle de Paris.

Les hommes du quai des Orfèvres arrivent dans le petit bois, dans la demi-heure qui suit. L'examen plus approfondi permet de trouver non pas deux impacts de balles dans le corps mais trois, le dernier étant situé au niveau de l'abdomen. Les lieux sont fouillés par une équipe cynophile et à l'aide d'un détecteur de métaux, mais aucune arme n'est retrouvée. La balistique qui récupère les projectiles dans le corps communique le calibre 6,35 mm de l'arme utilisée. Les douilles, restées sans doute dans le barillet, doivent appartenir à une arme ancienne peu utilisée. Selon le médecin légiste, l'homme a été tué le 17 mai 2005 entre 02h00 et 03h00 du matin. Le corps n'a pas été frappé, ni déplacé.

En retournant le corps, les enquêteurs trouvent un mégot de cigarette dont la marque appartient au paquet retrouvé dans les poches. Pas de traces de lutte, un casque a été abandonné près du corps et une moto garée sur le parking à deux pas de là. Selon les policiers, l'homme s'est aventuré dans le bois, en pleine nuit, en toute confiance. Un trafiquant de drogue ou un consommateur de cocaïne. Dans le blouson on trouve le certificat d'immatriculation de la moto et une carte d'identité au nom de Christophe Belle, domicilié rue Vieille du temple, à Courbevoie. Agé de 40 ans, il vivait dans un modeste appartement avec sa compagne Sandrine. Le couple a deux enfants. Une vie simple et rangée, pas l'ombre d'une consommation de drogue ou d'addiction aux jeux. Pâtissier de métier, Belle était un véritable passionné.

Sur la carte d'identité, une adresse différente conduit les policiers dans le quartier du Marais à Paris, situé dans le 4ème arrondissement, qui regorge de boutiques branchées, de galeries et de bars gays. Le lieu correspond à une boulangerie-pâtisserie plutôt en vogue. Christophe Belle est connu et reconnu dans le quartier comme étant un véritable artiste, ce qui éloigne la piste possible d'un voyou. Pourtant les analyses de la poudre blanche contenue dans le sachet à proximité du corps confirment bien qu'il s'agit de cocaïne. Pour en avoir le cœur net, un cheveu de la victime est soumis à un test toxicologique. Les résultats sont négatifs, même plusieurs mois en arrière.

La perquisition du domicile de Christophe Belle et de sa compagne n'a pas permis de découvrir le moindre stupéfiant, pas plus qu'un enrichissement personnel. Il y a des charges à payer, comme pour tout le monde rien pour faire le lien avec un quelconque trafic. Les policiers ne sont pas plus surpris. Il faut dire que dès le début, ils trouvent la scène de crime pour le moins bizarre. Elle ressemble à un parcours fléché avec beaucoup d'indices incohérents pour les mener directement au corps de la victime : un sachet laissé à l'abandon, ce qui parait impossible dans le cas d'un trafic de drogue, des traces semées ici et là pour être sûr que les personnes qui découvrent le corps, ne se trompent pas de chemin. Tout parait artificiel aux enquêteurs, dénué de sens ou entièrement fabriqué.

Les enquêteurs, aidés des policiers de Sucy en Brie, enquêtent auprès du voisinage mais, comme on pouvait s'y attendre, le quartier n'est pas reconnu comme étant un lieu de trafic de drogue. Bien au contraire, on y trouve des rues calmes agitées seulement par le collège à proximité, durant la journée. Pour les policiers, aucune trace ADN, pas d'empreinte, juste le corps d'un pâtissier assassiné de trois balles dans un bois où il n'allait jamais. Le second jour d'enquête, l'emploi du temps du pâtissier est reconstitué dans ses moindres détails. Comme chaque matin, selon sa compagne, Christophe enfourche sa moto vers 02h00 du matin pour se rendre à sa boulangerie, dans le Marais. Sucy-en-Brie n'est pas du tout sur sa route.

Les employés de la boulangerie et son associé, Xavier Philippe, confirment que Christophe Belle devait, à 04h00 du matin, lancer la première fournée de pain. À 07h00, au moment d'ouvrir aux clients, Xavier Philippe est inquiet comme tous les employés. Il téléphone aux connaissances et au commissariat de police. Aucune nouvelle de Christophe. Tout le monde pense à un accident, car le pâtissier n'arrivait jamais en retard. C'est vers 18h00 que les employés apprennent la mort de Christophe Belle. L'objectif principal des policiers est surtout de leur apporter un soutien psychologique. Ils sont particulièrement ébranlés lorsqu'ils apprennent les circonstances de la mort. Mais les enquêteurs ont surtout besoin de mieux connaître la victime.

Peu à peu, le portrait de Christophe Belle se dessine. Un patron menant une vie tranquille, d'un caractère agréable, aucune barrière entre les patrons Xavier, Christophe et les employés. Les deux hommes se sont rencontrés dans les années 1990 alors que Christophe réalisait des pâtisseries excentriques pour le bar gay branché « Le Banana ». Il a même réalisé un gâteau en forme de violon pour l'anniversaire de la musicienne chanteuse, Catherine Lara. En 2000, les deux hommes décident de monter ensemble une société « L'avion délice », une pâtisserie haut de gamme. Xavier Philippe assure la comptabilité en amenant une grosse mise de fond, tandis que Christophe Belle s'occupe du côté artistique.

L'entreprise fonctionne très bien, les deux hommes s'entendent à merveille, chacun dans sa partie. Mais au fur et à mesure des interrogatoires, les employés se souviennent qu'il y a quelques mois, Christophe Belle a été victime de plusieurs agressions. Les pneus de sa moto ont été crevés et il a reçu plusieurs appels téléphoniques malveillants, des dégradations dans les pièces annexes de la boulangerie qui ont été saccagées. Christophe s'était confié à ses employés. Il savait qui lui en voulait, un certain monsieur F, un rival pâtissier avec lequel il était en conflit commercial. La brigade criminelle se lance donc sur la piste de ce mystérieux monsieur.

Lors de l'enquête, les policiers découvrent que cet artisan réside dans la commune de Sucy-en-Brie, à proximité du sous-bois. Les enquêteurs commencent à émettre l'hypothèse d'un règlement de compte entre deux personnes au sujet de leur différend. Le 20 mai 2005, les policiers débarquent donc chez le fameux pâtissier à 06h00 du matin. Devant la porte, ils trouvent l'épouse de l'homme qui ne vit plus là depuis quelques temps : il a changé de vie et réside à Colombes dans les Hauts-de-Seine, dans la banlieue nord-ouest de Paris, radicalement à l'opposé de Sucy-en-Brie. Monsieur F. n'avait pas fait le transfert de sa nouvelle adresse depuis 4 ans.

Les policiers se rendent donc à Colombes, cette fois, pour l'arrêter. L'homme admet avoir un différend avec Christophe Belle, mais il n'était pas envisageable pour lui de l'assassiner. En garde à vue il déclare qu'il n'a jamais commis la moindre dégradation sur les biens de Christophe Belle et que s'il l'avait assassiné, il ne l'aurait de toute façon pas fait à proximité de son domicile officiel. Les enquêteurs sont face à un homme honnête qui n'a pas l'attitude de quelqu'un qui veut cacher quoique ce soit. Monsieur F. a passé la journée du 16 mai 2005 en Normandie, puis la journée du 17 avec sa compagne Catherine. Il ne s'est rendu à sa boutique que dans la matinée. L'homme a un alibi, aucune charge ne peut être retenue contre lui. Monsieur F. est libéré mais, avant, se permet de donner son sentiment personnel sur l'affaire.

Il trouve bizarre que le lieu du meurtre choisi se trouve à proximité de son ancien domicile, comme si son auteur avait voulu l'incriminer directement. Une fois de plus les enquêteurs ont l'impression d'avoir été manipulés. D'autre part, pour quelle raison Christophe Belle, qui n'a aucun sens de l'orientation, aurait quitté Courbevoie pour se rendre à l'opposé à Sucy-en-Brie au lieu de se rendre à Paris à sa pâtisserie ? L'homme n'est sans doute pas venu seul sur les lieux. Il était probablement avec une personne qu'il connaissait bien et en qui il avait confiance. Immédiatement, on pense à une personne de son entourage.

Le 24 mai 2005, une information judiciaire contre « X » est ouverte pour assassinat. La brigade criminelle va passer au crible toute sa famille, ses proches, ses employés et son associé. Xavier Philippe est le premier qui répond aux convocations, il se présente comme un homme désespéré qui vient de perdre plus qu'un associé, un ami. Il a même gardé sur son téléphone portable le dernier message de Christophe Belle, la nuit même des faits. Celui-ci lui indique arriver dans quelques minutes. Les enquêteurs écoutent ce message enregistré à 02h55 du matin, à Courbevoie. Sans doute une erreur de destinataire car Xavier Philippe précise que son associé n'avait aucune raison particulière de l'appeler cette nuit-là.

Les policiers qui ont déjà examiné le portable de Christophe ne croient pas à l'erreur de manipulation. Trois numéros à la suite de Xavier Philippe sont enregistrés, il est le seul à se trouver en fin de liste. Durant ce premier interrogatoire, le ton va changer entre l'associé et les enquêteurs. Cette fois, Xavier Philippe est interrogé sur son emploi du temps. Il répond qu'il était chez lui et dormait auprès de sa femme. Son portable était arrêté, il ne comprend pas pourquoi son associé a laissé un tel message. L'alibi est confirmé par son épouse qui a le sommeil léger et qui se serait aperçue de l'absence de son mari.

Les policiers ne sont pas franchement convaincus. L'appel téléphonique représente pour eux le seul élément matériel sur la disparition et l'assassinat de Christophe Belle. Les enquêteurs continuent de presser Xavier Philippe à répondre sur le message laissé sur le répondeur, alors que l'examen des communications téléphoniques laisse apparaître que durant les derniers mois, et même la dernière année, Christophe Belle n'a jamais appelé son associé durant la nuit. Au fur et à mesure que l'homme tente de s'expliquer, il s'enfonce dans des excuses pour le moins farfelues et dénuées de sens. L'associé ami est désormais dans la ligne de mire des policiers même s'il manque encore l'essentiel, des preuves et un mobile. Un mois après le crime, un nouvel élément confirme leur intuition. La femme du pâtissier découvre que le principal bénéficiaire de son assurance-décès n'est pas elle mais son associé Xavier Philippe.

La sœur de Christophe, Nathalie Belle, était très proche de son frère et se souvient du jour où ce dernier lui a fait part de sa volonté de contracter une assurance-décès pour mettre sa femme et ses enfants à l'abri du besoin en cas de problème. Quelle a été sa surprise de constater que le bénéficiaire déclaré était son associé ! Dès le début, elle se refuse à croire à cette hypothèse. Selon elle, Xavier Philippe qui s'occupait de l'administratif dans l'entreprise a sans doute profité d'une quantité de papiers à signer pour obtenir une signature sur un contrat d'assurance-décès. Christophe Belle, quant à lui, ne s'occupait que du volet pâtisserie. Les policiers examinent le contrat.

Le montant de l'assurance décès est de 41 000 euros, une somme moyennement importante pour en faire un mobile d'assassinat. D'autre part, Xavier Philippe a réellement l'air surpris de voir son nom sur le document. Pour trancher, les enquêteurs font appel à un graphologue qui confirme l'authenticité de la signature de Christophe Belle. Depuis un mois les policiers n'ont pas relâché la pression sur la boulangerie pour essayer de comprendre la raison qui a poussé Christophe à changer de bénéficiaire, contrairement à ce qu'il avait annoncé à sa sœur Nathalie. La patience des enquêteurs finit par payer. Au fil des auditions, ils découvrent que Christophe Belle, depuis quelques semaines, était nerveux et consultait régulièrement les comptes pour vérifier les opérations.

Christophe a demandé aussi à une employée de vérifier les stocks. Une différence énorme apparaissait entre la production et les recettes de la pâtisserie. Mais voilà, l'employée n'a pas eu le temps de vérifier, Christophe Belle a été assassiné entretemps. La brigade criminelle plonge son nez dans les comptes. Depuis quelques années, le chiffre d'affaires augmente régulièrement, mais dans le même temps, le bénéfice chute comme si quelqu'un volait régulièrement dans la caisse. Selon les employés, les deux associés se servaient dans la caisse régulièrement mais pas de la même manière.

Tandis que Christophe prenait de temps à autre des petites sommes de l'ordre de 20 euros, les policiers découvrent que Xavier Philippe, à partir d'une certaine heure, arrêtait l'enregistrement de la caisse, ce qui se remarque sur les tickets « Z », trace informatique de l'appareil faisant apparaître que le tiroir continuait d'être ouvert après la clôture comptable, à de multiples reprises. Il parait alors vraisemblable que l'associé encaissait les ventes après une certaine heure sans les enregistrer, ce qui explique une baisse des ventes par rapport à la production. Xavier Philippe étant le comptable, il lui était facile ensuite d'enregistrer les dépenses au livre de compte en joignant les tickets imprimés des ventes, sans jamais demander la surveillance du ticket « Z » qui n'est pas exigée par l'expert-comptable.

Les policiers estiment que Xavier Philippe détournait entre 200 et 500 euros par jour soit 10 000 à 12 000 euros par mois. Des ponctions que Christophe Belle avait fini par remarquer. Le pâtissier en a même parlé à sa femme, ainsi qu'à ses employés qui assistaient depuis quelques semaines à des explications virulentes avec son associé. Christophe Belle a même envisagé de travailler seul et de se séparer de Xavier Philippe. Durant la garde à vue, Xavier reconnaît qu'il y avait du « black » comme dans beaucoup de petits commerces ce qui ne fait pas de lui un tueur.

Xavier Philippe déclare qu'il prenait chaque mois 2 000 euros pour donner à Christophe et 1 000 euros pour lui-même. Une autre somme était prélevée pour payer les heures supplémentaires ou les primes aux salariés, une autre pour payer certains fournisseurs qui n'étaient pas rémunérés de manière officielle. Le tout représentait environ 8% du chiffre d'affaires. Xavier Philippe et son avocat, Philippe Sarda, considèrent qu'il n'y a aucune raison d'être soupçonné. Mais les policiers de la brigade criminelle n'en démordent pas. Ils sont toutefois obligés de laisser leur suspect en liberté. À partir de ce moment, Xavier se comporte de manière différente avec ses employés leurs faisant subir un contre-interrogatoire à chaque fois qu'ils reviennent d'une audition. Les policiers découvrent dans leurs investigations que, toutes assurances confondues, Xavier Philippe pourrait espérer toucher 386 000 euros à la mort de Christophe Belle. Pour eux, le mobile est là.

Les policiers veulent en savoir un peu plus sur leur suspect numéro un qui se présente comme un innocent affecté par la mort de son associé. Les auditions de ses proches et des personnes avec qui il a pu travailler dans le passé donnent le portrait d'un homme tout à fait différent. Xavier Philippe a fait pas moins de six allers-retours en prison pour des faits de vols, détention d'arme illégale, falsifications de chèques, coups et blessures volontaires. Les policiers remontent jusqu'à sa jeunesse orléanaise.

Xavier Philippe est né en 1956, à Orléans, située sur les rives de la Loire, dans le centre-nord de la France. La ville est connue grâce à Jeanne d'Arc qui la délivre des Anglais en 1429. Xavier Philippe est issu d'un milieu bourgeois. Il est élevé aux côtés de son frère jumeau, Bertrand et vit une enfance classique mais dans l'ombre d'un frère un peu trop lumineux. Bertrand avait une « gueule d'ange » souriant et séducteur, tout le monde lui parlait et lui serrait la main, son charisme était très apprécié, tandis que Xavier était totalement différent et quelconque. Au début des années 1980, Bertrand créé une boite de nuit à Orléans « le Kiproko », une grande nouveauté avant-gardiste où tout le monde voulait aller. Xavier, de son côté, enchaîne les petits boulots : carrossier, professeur d'arts martiaux, vendeur et galères. A Orléans, tout le monde connaît Bertrand Philippe, mais personne ne connaît Xavier que sous l'identité du « frère de Bertrand ».

Le 22 août 1982, en pleine nuit, « le Kiproko » brûle. À l'époque, Alain Bilcquard était commissaire à la criminelle d'Orléans. Après une enquête minutieuse l'auteur est identifié : il n'est autre que le frère jumeau du propriétaire de l'établissement, Xavier Philippe, qui restera brûlé à presque 45% et dont certains stigmates sont encore présents aujourd'hui sur son visage. L'assurance de la boite de nuit est au nom de la famille Philippe, le soupçon d'escroquerie à l'assurance plane. A l'âge de 26 ans, Xavier Philippe est condamné à 4 ans de prison pour incendie volontaire.

A sa sortie, il ouvre, comme son frère, une boite de nuit sur une péniche amarrée sur les bords de Loire, à Orléans. Mais le 22 août 1986, la péniche brûle à son tour. L'enquête démontre que son auteur est un homme qui a partagé la cellule de Xavier Philippe. Mais le commissaire Bilcquard reste persuadé que c'est Xavier Philippe qui en est le commanditaire. Encore un incendie, et un soupçon d'escroquerie. Au procès de 1988, Xavier est définitivement blanchi et relaxé n'étant pas le bénéficiaire de l'assurance. Xavier Philippe est victime d'une mauvaise réputation mais également de faits d'armes impressionnants. Son passé ne plaide pas en sa faveur et ne conduit pas à le croire sur parole. Le parquet découvre que depuis quelques années, Xavier Philippe a été mêlé à une vingtaine d'affaires judiciaires dont la plupart n'ont pas été au procès, ou a été innocenté. Le juge d'instruction découvre également que Xavier Philippe a été entendu dans une autre affaire de tentative d'assassinat.

Le 28 avril 1998, la fête bat son plein au « Banana café » un bar gay du quartier de halles de Paris. Il est dirigé par Tony Gomez et Grégory Colombe. A 22h30, les deux hommes rentrent chez eux dans un duplex qu'ils possèdent de la rue des Lombards. Exceptionnellement, Tony ne reste pas et part animer la soirée du « Banana café ». Resté seul Grégory entend du bruit à l'étage où l'électricité ne fonctionne plus, il décide de monter avec une bougie à la main. Dans la pièce du salon, un homme cagoulé le vise avec une carabine. Grégory prend la fuite, mais l'homme le poursuit et lui tire dessus.

Grégory est blessé d'une balle dans le bras mais réussi à s'enfuir à l'extérieur et aura le temps de fermer la porte derrière lui. En pyjama et pieds nus, il se dirige vers le « Banana café ». Il est transporté à l'hôpital pendant que certains clients du café, se dirigent vers l'immeuble afin de bloquer la porte d'entrée et d'empêcher le tireur de s'enfuir. La patronne du bar voisin vient prévenir Tony Gomez qu'un homme louche s'est installé à la terrasse, en arrivant par la sortie de secours. L'air de rien, il possède un énorme sac de sport. La police arrive rapidement sur les lieux et intercepte le suspect. À ses pieds, il laisse tomber une cagoule noire. Dans le sac on trouve un fusil, des médicaments et un étrange flacon de liquide vert. L'homme identifié comme étant Alain Samycia, un chauffeur routier, garde le silence, signalant simplement qu'il a agi sur ordre et refuse de donner le nom de son commanditaire.

Le 1er mai 1998, Alain Samycia est mis en examen pour complicité de tentative d'assassinat. Tony Gomez est interrogé à son tour et croit savoir qui est derrière cette histoire : le directeur financier du « Banana café », un certain Xavier Philippe. À l'époque, il avait été entendu par les policiers mais mis hors de cause. Le dossier croupissait dans le bureau du juge d'instruction depuis sept ans. Pour les hommes de la brigade criminelle qui enquêtent sur l'assassinat de Christophe Belle, c'est une aubaine. Les policiers relancent la procédure « Banana café ».

La brigade criminelle convoque donc le principal témoin de cette affaire, Tony Gomez. Entre temps, ce garçon est devenu le roi de la fête, gérant également d'une boite branchée, place de l'Etoile. Costume et chemise branchés, il anime toutes les fêtes des grandes stars du show-business comme un véritable businessman. Lorsque dans le bureau du commissaire il entend l'objet de sa convocation et le nom de Xavier Philippe, il en est chamboulé et déclare revoir des scènes d'horreur de cette fameuse soirée. Tony Gomez raconte son histoire, il a vécu pendant 20 ans avec Bertrand Philippe, le jumeau de Xavier. Ensemble ils ont monté le « Banana café », au début des années 1990. Presque aussitôt, l'établissement est devenu pour les stars l'endroit à la mode. Pierre Palmade, Muriel Robin, Richard Berry, Laurent Baffy, Véronique Sanson ou Michèle Laroque apparaissaient souvent dans les soirées.

Alors quand Xavier Philippe désœuvré, cherchait du travail, son frère Bertrand lui a proposé un poste de directeur financier au « Banana café ». Mais en 1995, Bertrand se suicide. Les relations entre Tony Gomez et le jumeau survivant se dégradent. L'homme soupçonne son directeur financier de piocher dans la caisse et de souscrire des assurances-décès bidons à son bénéfice. Tony avoue même qu'il voulait licencier Xavier Philippe quelques semaines avant la fusillade dont Gomez est persuadé qu'elle a été orchestrée par son directeur financier pour mettre la main sur le « Banana café ».

Des propos assez durs sont déclarés aux policiers sur le personnage de Xavier Philippe, considéré par Tony Gomez comme un homme dangereux que rien n'arrête. L'affaire Belle et l'affaire Gomez ont décidément beaucoup de points communs. Les policiers retrouvent de nombreux documents signés par Xavier Philippe, des assurances-décès souscrites à son bénéfice, des logiques répétitives comme des « copier-coller » avec l'affaire Belle. Lors de la perquisition dans l'appartement de la rue des Lombards, en avril 1998, les policiers avaient retrouvé sur le sol des médicaments et un liquide vert, en fait des anxiolytiques et de l'arsenic, de quoi fabriquer un puissant poison. Dans la salle de bains, la baignoire était pleine. Les policiers pensent que la mise en scène était destinée à faire croire à une dispute qui aurait mal tourné entre Tony Gomez et son compagnon Grégory Colombe. Dans ce scénario, Tony se serait suicidé après avoir tué Grégory.

L'affaire du « Banana café » donne un coup de pouce décisif à l'affaire Christophe Belle. Le 28 novembre 2005, les policiers rédigent un procès-verbal de rapprochement entre les deux affaires. Le lendemain, le juge d'instruction est persuadé de l'argumentaire des policiers et donne son aval pour l'arrestation de Xavier Philippe. Le 29 novembre 2005, à 06h00 du matin, il est placé en garde à vue au 36, quai des Orfèvres pour l'assassinat du pâtissier. Il ne parait pas inquiet.

Xavier Philippe est persuadé qu'il n'a rien à se reprocher et qu'il va sortir à l'issue de sa garde à vue. Les policiers aguerris de la brigade criminelle, quant à eux, veulent des résultats. Le chef d'enquête met la pression mais Xavier Philippe ne se laisse pas démonter. Il nie tous les faits en bloc, que ce soit l'assassinat de Christophe Belle comme les opérations frauduleuses et malversations dont il est accusé. Pourtant Xavier Philippe lâche un détail qui n'échappe pas aux policiers. Il parle de Christophe Belle assassiné de trois balles, alors que la presse a toujours parlé de deux projectiles.

Les policiers apprennent aussi que Xavier Philippe est collectionneur d'armes. Or Christophe Belle a probablement été assassiné avec une arme ancienne de calibre 6,35 mm. Les enquêteurs perquisitionnent au domicile du suspect et tombent sur un véritable arsenal. Mais toujours pas l'arme du crime et toujours pas de preuve matérielle. Le dossier reste assez lourd et finit pas convaincre le juge d'instruction : le 1er décembre 2005, Xavier Philippe est mis en examen pour assassinat et incarcéré à la prison de Fresnes.

Le 7 décembre 2005, les policiers interrogent également Céline, l'ex-femme de Xavier Philippe qui a eu une fille avec lui et qui va se trouver être très loquace. Durant les huit années de vie commune, elle déclare que Xavier Philippe a toujours flirté avec la justice, faisant des allers et retours en prison. Céline consigne même dans sa déposition : « il commençait à y avoir beaucoup de cadavres ou d'homicides autour de lui ». Elle déclare être partie un soir avec sa fille sous le bras alors que Xavier Philippe lui répond le 17 novembre 1988 : « J'ai buté un mec, j'ai tué Pascal Leroy ». Il s'agissait d'un collègue avec qui il travaillait dans une entreprise de transport. Les policiers ressortent le dossier et effectivement s'aperçoivent que ce fameux Christophe Leroy a disparu et qu'on n'a jamais plus eu de nouvelle. Xavier Philippe a menacé Céline de la buter si elle racontait cette histoire à quiconque.

La brigade criminelle n'en revient pas : encore une affaire à épingler au dossier Xavier Philippe. Le 20 novembre 1988, une information judiciaire a bien été ouverte à la suite de la disparition de Christophe Leroy, mais l'affaire a abouti à un non-lieu en 1994. Dix-sept ans après, il est impossible pour les policiers de trouver de nouveaux éléments et de résoudre cette énigme. L'homme qui porte malheur à ses associés, voici l'image qui commence à coller à la peau de Xavier Philippe. Pour la mort de Christophe Leroy, les policiers et magistrat sont d'accord pour dire que Philippe est coupable. Mais à part la déclaration de son ex-femme, les enquêteurs ne disposent d'aucune preuve matérielle.

L'instruction touche à sa fin et la brigade criminelle est désormais persuadée que Xavier Philippe est un homme qui prémédite ses mauvais coups. Dans l'affaire Christophe Belle, les policiers sont convaincus qu'il a organisé un guet-apens au pâtissier. Selon eux, la nuit du 17 mai 2005, les deux hommes se seraient donné rendez-vous et Xavier Philippe aurait guidé Christophe Belle à Sucy-en-Brie, dans le but annoncé de donner une leçon au pâtissier, monsieur F, concurrent qui serait responsable des dégradations sur sa moto. Une fois sur place, il demande à Christophe Belle de garer sa moto sur le parking. Mais au lieu de se diriger vers le lotissement, Xavier Philippe aurait entraîné son associé dans le sous-bois pour l'abattre. Pour les policiers, le projet a été préparé depuis un long moment. Le grain de sable dans la machination c'est le message découvert le lendemain, laissé dans la messagerie de Xavier Philippe par Christophe Belle.

Le procès de Xavier Philippe s'ouvre le 23 juin 2008 devant la cour d'assises de Créteil. L'homme est jugé pour l'assassinat de Christophe Belle. Mais dans la presse, sa réputation de « sérial killer » d'associés le précède. Les jurés découvrent dans le box un petit homme, calme et poli. Xavier Philippe continue de nier avec énergie et ses avocats font preuve de la même conviction. Maitre Philippe Sarda, l'un des avocats, persuadé que son client n'est jamais sorti ce soir-là, se livre à une petite expérience qu'il a filmée, prouvant que l'homme n'aurait jamais pu sortir sans que sa compagne s'en aperçoive.

La démonstration de cet alibi est vite démontée par l'accusation qui revient sur l'appel de Christophe Belle, les trous dans la comptabilité de la pâtisserie, évoquant aussi le passé de Xavier Philippe. Les jurés découvrent alors que le jeune homme dans le box, si poli et courtois, a déjà eu une vie très agitée dans le passé. Le défilé des témoins enfonce un peu plus Xavier Philippe. Même si l'affaire est prescrite, la justice a décidé d'entendre son ex-femme dans le meurtre supposé de son ancien collègue et associé, Christophe Leroy. Tony Gomez témoigne à la barre que toutes les personnes qui ont approché Xavier Philippe ont eu leur vie anéantie.

Tony Gomez n'est entendu qu'en simple témoin, mais son avocat prend des notes. Sur leur banc, les avocats de Xavier Philippe sont excédés. L'avocat général demande 30 années de réclusion criminelle avec 20 ans de sûreté, en s'appuyant sur le passé de Xavier Philippe mais également sur la préméditation du crime de Christophe Belle qui en fait un assassinat. Le passé de l'accusé n'a sans doute pas plaidé non plus en sa faveur.

Le 5 juillet 2008, après 15 jours de procès, tout le monde attend avec impatience la décision du jury. Devant le palais de justice, Nathalie Belle, sœur de la victime, patiente. Il est 01h00 du matin quand le verdict tombe. Dans le box, Xavier Philippe s'est évanoui, les familles quant à elles sortent bouleversées. Xavier Philippe est condamné à 30 ans de réclusion criminelle pour l'assassinat de Christophe Belle, son ancien associé, en mai 2005. Xavier Philippe décide de faire appel de la sanction, mais la peine est confirmée le 16 juin 2010 par la cour d'assises de Seine-et-Marne. Il en ira de même pour son pourvoi en cassation, lui aussi rejeté. Tout comme au premier procès, Xavier Philippe, 53 ans, a clamé son innocence en déclarant qu'on le condamnait à mort. Pour ce qui est de l'affaire du « Banana café », Xavier Philippe est condamné à 4 ans de prison en juillet 2012, pour avoir organisé la tentative de meurtre de Tony Gomez. Toutefois, le 12 juin 2013, la cour d'appel de Paris a relaxé Xavier Philippe des faits de violences aggravées sur la personne de Grégory Colombe, dans l'affaire Tony Gomez...

2008 – Gérald THOMASSIN & Mamadou DIALLO

Gérald Thomassin n'est pas un inconnu. Il est né le 8 septembre 1974 à Pantin, en Seine Saint-Denis. C'est un jeune homme tourmenté, marqué surtout par une enfance difficile. En 1989, le réalisateur Jacques Doillon prépare son prochain long métrage, « Le petit criminel ». Son choix s'est déjà porté sur Richard Anconina et Clotilde Courau dont c'est le premier film. Doillon cherche encore le rôle principal, celui d'un adolescent délinquant.

Gérald Thomassin se présente au casting, le réalisateur ne veut pas d'un acteur professionnel. Il veut un amateur qui ressemble au personnage. Le choix de Gérald Thomassin est une évidence. Le jeune homme est âgé de 16 ans avec un passé cabossé, un père absent, une mère alcoolique et toxicomane, une enfance dans une famille d'accueil avec son frère Jérôme. Tous deux auraient signalé des faits de maltraitance et de viols.

Au moment du tournage du film « Le petit criminel », Gérald Thomassin a quelques larcins inscrits à son dossier criminel. Il est placé dans un foyer pour jeunes délinquants, prés de Versailles dans le département des Yvelines, mondialement connue pour son château ainsi que pour ses jardins ; un foyer en lisière de forêt aujourd'hui fermé. C'est là qu'il rencontre Philippe Bonaventure, les deux amis ne se quitteront plus. Ils partagent une chambre durant quatre années. En cette période, Gérald et Philippe ne ratent jamais les sorties cinéma au « Cyrano ». C'est là qu'ils vont faire leurs premiers pas dans le monde du 7ème art.

Pour les deux jeunes adolescents, la vie qu'ils découvrent sur grand écran est un moment de répit. Une façon de fuir le quotidien, meublé de bagarre et de violence : une habitude de vie, mais surtout une barrière pour se protéger des attaques d'autres adolescents. Philippe, grâce à son culot, réussit à les faire embaucher tous les deux en formation, avec le projectionniste. C'est une première porte qui s'ouvre à eux dans ce monde magique du cinéma. Philippe commencera comme projectionniste-apprenti avant de continuer dans cette profession qu'il exerce toujours aujourd'hui. Gérald, quant à lui, arrête la formation. Le film « Le petit criminel » vient de sortir. Sa carrière d'acteur est lancée. A l'âge de 17 ans, c'est une voie royale qui s'ouvre devant lui.

Son jeu d'acteur a crevé l'écran, il est nommé aux César dans la catégorie meilleur espoir masculin en 1991. Cette année-là, c'est Sofia Loren, une actrice parmi les plus importantes du cinéma italien et mondialement reconnue qui est la présidente du jury. C'est Gérard Depardieu et le film « Cyrano » qui rafle pratiquement tous les prix. Gérald Thomassin est en concurrence avec Vincent Perez. Toutefois c'est Gérald qui emporte le fameux César. Après une cérémonie fastueuse et un repas au « Fouquet's », avenue des Champs-Elysées à Paris, le jeune acteur rentre au foyer avec sa récompense. Les propositions de films ou publicités vont arriver en nombre. Thomassin est même approché par Cyril Collard pour tourner « Les nuits fauves » que finalement il ne fera pas. Dans ce film certaines scènes de nu reçoivent un véto de la part des éducateurs du foyer.

En 20 ans de carrière, Gérald Thomassin va tourner dans 21 films. Des films confidentiels aux rôles difficiles, comme des films grand public tel « Jacquou le croquant ». Beaucoup de seconds rôles mais toujours avec des acteurs et actrices connus. Il tournera également avec le réalisateur producteur canadien, Daniel Morin, en 1994 dans « Tendre guerre ». Ce dernier dira de lui qu'il n'avait pas l'impression de se trouver face à un acteur. Pour Gérald, jouer était sa façon de vivre, les gestes étaient naturels. Sur le plateau c'était un jeune homme ordinaire mais dès qu'il était dans la lumière son jeu était parfait.

Le cinéma est arrivé dans sa vie comme par miracle mais l'a sans doute aussi précipité vers ses démons. Une carrière cela se prépare. Des bases solides et un cadre, c'est ce qu'il manque à Gérald Thomassin qui est livré à lui-même. Alors que le cinéma représentait une destination heureuse, il devient également son poison. Sur un plateau de tournage, il découvre la drogue « dure ». C'est un cercle vicieux qui laisse apparaître bientôt les problèmes d'argent. S'en suit la rue et même « la manche ». Gérald est même obligé de laisser son César dans un dépôt vente pour rembourser une dette contractée chez un dealer. En 2007, il tourne à nouveau avec Jacques Doillon dans « Le premier venu », Gérald se trouve mêlé à une affaire de drogue. C'est son ami d'enfance, Philippe, qui lui suggère de se faire oublier et d'aller chez son frère Jérôme à La Cluze, une ancienne commune du département des Hautes-Alpes. Quelques temps plus tard, il emménage dans le vieux bourg de Montréal-la-Cluse juste en face du bureau de poste.

Le 19 décembre 2008, le matin est glacial dans la commune de Montréal-la-Cluse, département de l'Ain, à environ 39 kilomètres de Bourg-en-Bresse. Bordé de forêts, le petit bourg ne possède que deux rues perpendiculaires avec une fontaine qui se trouve à proximité de la frontière suisse. Aucun commerce, juste une agence postale qui fait aussi office de guichet SNCF, tenue par madame Catherine Burgod. Il est 09h00 lorsqu'une habitante pénètre dans le bureau de poste. Un client est déjà présent et Catherine, habituellement derrière son comptoir, n'est pas là. Seul son petit chien blanc erre à travers les bureaux. Quelques minutes passent et les deux clients signalent leur présence en toussant et en appelant. Pas de réponse.

Machinalement ils regardent l'horloge, il est 09h07. L'agence ouvre à 08h30, donc Catherine Burgod devrait être là. La porte donnant sur la salle de repos est entrouverte. C'est ici également que se trouve le coffre-fort. Le client s'approche et entre dans la pièce. La caissière Catherine est au sol, frappée de 28 coups de couteau. Elle était enceinte de 5 mois et les 2 500 euros que contenait le coffre ont été volés. C'est la procureure Marie-Christine Tarrare, de Bourg-en-Bresse, qui est chargée de l'affaire.

La petite bourgade d'à peine 3 000 habitants se pose de nombreuses questions : qui a pu tuer la jeune Catherine Burgod et pour quel motif ? Le contenu du coffre est assez faible. Il y a rarement plus dans cet endroit si tranquille où tout le monde se connaît. Aucun indice n'est retrouvé sur place, pas plus que l'arme du crime. Alors que le bureau de poste est au centre du bourg, personne n'a rien vu, personne n'a rien entendu. Les gendarmes concentrent immédiatement leurs recherches autour de la Poste. Gérald Thomassin vit juste en face. Un logement en sous-sol où l'on remarque la fenêtre, au ras du trottoir.

Gérald a emménagé ici, il y a 8 mois, c'est le dernier arrivé dans le village. Deux heures après le meurtre, les gendarmes sonnent chez lui. Il semble se réveiller et boit son café en regardant la télévision. Les enquêteurs savent que Gérald Thomassin boit beaucoup, se couche tard. Pour lui, 09h00 du matin c'est l'aube. Après quelques vérifications d'usage, les enquêteurs prennent congé, aucun élément ne ramène Gérald aux faits qui viennent d'être commis. Il faut dire que Thomassin est un personnage inquiétant, on le voit souvent dans le village se promener avec une longue gabardine de cuir. Il dépense l'essentiel de son argent au bar du village qui fait aussi office de Pari Mutuel Urbain (PMU).

Il achète également du Subutex, un substitut de l'héroïne. Les regards suspicieux se tournent vers lui. François et Françoise Navarro vivent dans un appartement au-dessus de son studio. Ils sont parmi les rares habitants qui se sont liés d'amitié avec lui. Gérald Thomassin aime aussi raconter sa carrière d'acteur à Catherine Burgod lorsqu'il vient retirer de l'argent. Comme beaucoup dans le village, elle ne le croyait pas. Et d'ailleurs que serait venu faire un acteur par ici ? En guise de preuve, il lui avait fait une copie de son dernier DVD « Le premier venu » de Jacques Doillon, sorti cette même année 2008. Il l'avait déposé à l'agence quelques jours avant le meurtre. A l'époque, France 3 avait tourné les coulisses du tournage avec l'accord de Jacques Doillon. Gérald explique son personnage, un jeune homme paumé qu'il décrit à la première personne. Lorsque les preuves de son métier d'acteur sont connues des habitants, beaucoup se demandent pourquoi avoir échoué ainsi ?

Pourtant l'enquête des gendarmes va démontrer qu'aucune empreinte de Gérald n'a été retrouvée au bureau de poste. Aucun élément matériel qui pourrait le rattacher au crime, juste cette histoire de DVD qu'il a laissé à la victime quelques jours avant. Dans ce film, il y a une scène où Gérald Thomassin fait un braquage avec un couteau. Cette scène de fiction va devenir, pour les enquêteurs, un élément à charge.

Ce métier d'acteur qui faisait la fierté de Gérald Thomassin s'est retourné contre lui. Les gendarmes lui suggèrent que la drogue et l'alcool aidant, il a peut-être rejoué la scène du braquage dans le film, cette fois au bureau de poste, confondant le plateau de tournage et la réalité. Un autre élément va orienter les enquêteurs à le soupçonner. Deux habitantes du bourg racontent qu'elles ont aperçu l'acteur au cimetière, occupé à parler devant la tombe de Catherine Burgod. Après un échange avec lui, les deux personnes racontent que ce dernier a déclaré : « Catherine a trop parlé ! ». Il a ensuite mis son doigt sur sa bouche en ajoutant : « Chut ! ». Pour ces deux personnes, il n'en faut pas plus pour croire Thomassin coupable. Les enquêteurs vont placer Gérald en garde à vue et le relâcher faute d'éléments probants.

Désormais coupable aux yeux du village, Gérald Thomassin clame son innocence. L'ex-mari de Catherine Burgod va même s'en prendre à lui et lui administrer une correction. Il sera naturellement condamné pour ce « passage à tabac ». Gérald décide donc de partir et prévient les gendarmes que cette décision n'est pas un aveu de culpabilité, juste une crainte devant les derniers événements et les suspicions des habitants. Il quitte Montréal-la-Cluse pour se rendre à l'opposé, à Rochefort, en Charente Maritime. Il y a déjà vécu et a gardé quelques amis, certes peu recommandables ; des consommateurs de drogue mais sur qui il espère pouvoir s'appuyer un temps.

Durant les quatre ans qui suivent, il sombre et squatte dans des habitations abandonnées derrière la gare et fait la manche dans la rue. Gérald Thomassin ne reviendra jamais au cinéma, il se sent toujours soupçonné avec une épée de Damoclès au-dessus de sa tête. Il est le principal suspect dans le meurtre de Montréal-la-Cluse, les enquêteurs n'ont aucune autre piste. Alors en 2013, quatre ans après les faits, les gendarmes vont tenter une nouvelle fois d'obtenir des aveux. Il est convoqué et également placé sur écoute. Le 25 juin

2013, la veille de son interrogatoire, Gérald appelle son frère Jérôme. Il est minuit, il a bu deux bouteilles d'alcool à 90° achetées en pharmacie et coupées à l'eau sucrée. Les propos de Thomassin sont très confus. Il déclare une dizaine de fois qu'il va se dénoncer aux gendarmes, il n'est pas le meurtrier, mais veut en finir avec cette affaire qui l'empoisonne.

Le résumé des 9 pages des écoutes stipule simplement que Gérald Thomassin a avoué le crime et a pris les 3 000 euros. Pour la justice ce sont des aveux, et c'est l'engrenage. Le 29 juin 2013, Gérald Thomassin est mis en examen et incarcéré à Lyon pour meurtre avec arme suivi de vol. Le soir, aux informations télévisées, le présentateur annonce la nouvelle sans précaution, au mépris sans doute de la présomption d'innocence. C'est maître Benoît Cousin qui assure la défense de Thomassin. Ce dernier travaille pour le cabinet de Xavier Dupont-Moretti qui a été contacté par l'actrice Béatrice Dalle, amie de Gérald depuis un tournage en 1996. Elle veut le sortir de là.

Gérald Thomassin va rester deux ans en détention provisoire à la prison de Lyon-Corbas. Durant cette période, il écrit à son ami Philippe. D'abord de longues lettres, où il déclare que ce n'est pas lui, qu'il n'a rien à avoir dans ce meurtre, qu'il trouve dégueulasse d'être derrière les barreaux. Puis au bout de deux ans, les lettres deviennent plus courtes, à peine quelques paragraphes qui expriment toutefois sa lassitude de la prison. Il ne comprend toujours pas pour quelle raison, il est accusé d'un crime qu'il n'a pas commis. Il sort en 2015, ayant fait le maximum pour une détention provisoire mais reste mis en examen. Il reste assigné à résidence avec un bracelet électronique pendant encore un an.

En 2017, l'affaire Burgot est au point mort. C'est à ce moment qu'un ultime rebondissement se produit. L'une des traces ADN de la scène de crime matche enfin. Un nouveau suspect âgé de 29 ans est mis en examen et incarcéré, bien qu'il conteste être l'auteur du crime. Il s'appelle Mamadou Diallo. Il vit juste à côté du village, c'est un homme sans histoire même s'il a volé la carte bleue de l'une de ses amies qui a porté plainte contre lui. C'est pour cette raison que son ADN a été prélevé. Mamadou Diallo nie avoir commis le meurtre, mais avoue qu'il était bien là ce jour-là.

Mamadou déclare qu'il est arrivé avant les deux clients de la Poste, qu'il a dérobé 2 500 euros dans le coffre, mais que la postière était déjà morte lorsqu'il est arrivé. Pour Gérald Thomassin, la mise en examen est toujours maintenue, mais il a bon espoir d'être bientôt blanchi. Toutefois, il reste un tout dernier rendez-vous au tribunal de Lyon. Une ultime confrontation avec Mamadou Diallo fixée au 29 août 2019 dans le bureau du juge d'instruction. Gérald appelle son ami Philippe trois jours avant. Il lui signifie au téléphone son envie de se rendre à la convocation pour enfin être lavé de tout soupçon. Gérald part de la gare de Rochefort à 09h30 mais n'arrivera jamais à Lyon. Philippe essaie de le joindre pendant plusieurs jours mais tombe sur son répondeur.

Le 28 août 2019, à la fin de l'été, dans la gare de Nantes située à l'ouest de la France en Bretagne, les derniers vacanciers sont transportés par la Société Nationale des Chemins de Fer (SNCF). Gérald Thomassin fait partie normalement des voyageurs. Il est arrivé de Rochefort situé en Charente-Maritime par un Train Express Régional (TER) à 12h30. Gérald doit prendre une correspondance pour Lyon, située en Rhône-Alpes, où il est convoqué par un juge d'instruction. Son train part à 13h00. Pourtant l'homme ne montera jamais à l'intérieur. Une femme témoignera l'avoir vu sortir de la gare, elle décrit les cicatrices sur son visage. On sait qu'il avait un sac à dos avec des bières à l'intérieur, un sac de couchage, car ses moyens financiers presque inexistants allaient le forcer à dormir dehors, sans doute à l'intérieur d'un parc, la nuit précédant son rendez-vous chez le magistrat. On devine également qu'il n'a plus assez d'argent pour son billet de retour après Lyon, car il a dépensé ce qu'il avait en alcool.

La dernière trace relevée de Gérald Thomassin se situe dans le quartier de la Beaujoire, à Nantes. Son téléphone borne aux environs de 15h00 avant de cesser d'émettre définitivement. Gérald a peut-être pris le bus au départ de la gare routière, mais les chauffeurs interrogés n'en n'ont aucun souvenir. Les recherches dans le voisinage et dans le fleuve de la Loire ne donneront rien. L'avis de recherche dans la presse locale ne donne pas plus de résultat. Pourquoi Gérald Thomassin se serait-il volatilisé ?

Toutes les personnes qui l'ont rencontré dans les jours précédents témoignent que l'homme n'avait aucune raison de disparaître. La convocation qu'il avait reçue pour se rendre chez un juge d'instruction allait marquer la fin d'un calvaire qu'il supportait depuis 10 ans. La chambre de l'instruction de la cour d'appel de Lyon prononce une ordonnance de non-lieu le 26 juin 2020 pour Gérald Thomassin. Mamadou Diallo quant à lui est acquitté le 4 avril 2022 du meurtre au bénéfice du doute par la cour d'assises de l'Ain mais condamné à deux ans de prison pour le vol, largement couvert par sa détention provisoire. Le parquet fait appel de la décision, Mamadou Diallo est condamné le 19 octobre 2023 à 16 ans de réclusion criminelle par la cour d'assises du Rhône, une peine confirmée par la cour de cassation le 11 septembre 2024.

2011 – Sylviane FABRE

Nous sommes le 15 avril 2011 dans le petit village des Arcs-sur-Argens, dans le département du Var, en région Provence-Alpes-Côte d'Azur. Au lycée agricole c'est la sortie des cours. Séverine rentre d'un voyage scolaire. À 17 ans, l'adolescente est impatiente de retrouver sa mère Colette Deromme qu'elle n'a pas vue depuis plusieurs jours.

Voilà plus d'une heure que Séverine piétine mais sa mère n'est toujours pas arrivée. Découragée, elle finit par se faire raccompagner chez elle à Lorgues, situé à 13 km au sud-ouest de Draguignan, par les parents d'une amie. En arrivant chez elle, première surprise, la voiture de sa mère est garée devant la maison, mais à l'intérieur, personne. Séverine appelle aussitôt, Alexandre Vadrot, son frère aîné. Ce dernier essaie de la rassurer et lui précise qu'il prend la route pour la rejoindre. Sur le trajet Alexandre tente plusieurs fois d'appeler sa mère au téléphone sans succès.

Entre temps, Séverine a fait le tour de la maison et du jardin et ne sait plus où chercher. Pourtant dans l'habitation rien de suspect, aucun désordre, le seul fait inquiétant est la présence de la voiture sans Colette. A 17h00, Alexandre, Séverine et ses deux autres sœurs décident d'alerter la gendarmerie. Ils ont retrouvé sur la table de la salle à manger, le sac à main de leur mère. Colette Deromme n'est pas chez elle et pourtant la femme de 50 ans n'a pas été inactive durant les dernières heures. Elle a décoré toute la maison pour l'anniversaire de sa fille Candy, rien ne peut expliquer une disparition volontaire. Gabrielle Vadrot, sa fille aînée, témoigne que sa mère disait tout le temps à ses enfants où elle se trouvait. Cette disparition leur semble donc plus qu'anormale.

Les gendarmes organisent une fouille méticuleuse, aussi bien dans le véhicule que dans la maison. Deux jours passent et le 17 avril 2011, le parquet ouvre une enquête pour « disparition inquiétante ». Colette Deromme vit à Lorgues, une ville réputée pour ses rues médiévales à dix kilomètres de Draguignan. Divorcée deux fois, elle ne vit que pour ses quatre enfants : Alexandre et Gabrielle et leurs deux demi-sœurs Candy et Séverine. Colette a une vie bien réglée, elle travaille au rayon crémerie de l'Intermarché de Lorgues. Rentrée chez elle, Colette passait du temps parfois sur son ordinateur pour regarder des séries avant de retourner le lendemain travailler. C'était sa routine, mais elle aimait ça. Une vie tranquille après deux divorces douloureux qui l'ont fait sombrer dans la dépression et l'alcool. Mais depuis quelques mois, Colette ne boit plus une goutte.

Si Colette va mieux c'est, en partie, grâce à son ancienne belle-sœur Sylviane Fabre, toujours là pour planter un clou ou pousser un meuble. Des liens très forts unissent ces deux femmes devenues célibataires. C'est aussi grâce à Sylviane que Colette a réussi à devenir propriétaire à Lorgues. Elles ont constitué ensemble une Société Civile Immobilière (SCI). Sylviane possède le rez-de-chaussée qu'elle a mis en location, tandis que Colette habite le 1er étage avec sa fille Séverine. Mais ce 15 avril 2011, même Sylviane n'a pas de nouvelles de Colette.

Pas un mot ni d'appel alors que les deux femmes devaient se voir. Colette devait se rendre au domicile de Sylviane pour résoudre un litige au sujet de la SCI. Mais Colette lui a posé « un lapin ». Les dernières personnes à avoir vu la mère de famille sont ses collègues de l'Intermarché. Elle a pris la veille son poste à 06h15, comme chaque matin. En quittant son travail, elle a été aperçue dans le centre du village où elle a acheté des cigarettes avant de rentrer déjeuner chez elle. A 15h20, elle s'est connectée à son ordinateur. Dix minutes plus tard, une de ses amies la croise en voiture sur la route de Draguignan. Colette était seule, c'est la dernière fois qu'elle a été vue.

Les gendarmes recherchent des pistes s'appuyant sur les rencontres sentimentales de Colette qui avait pour habitude de s'éprendre d'hommes violents. La vie de Colette Deromme est une succession d'échecs sentimentaux. Après un mariage raté, elle épouse Noël, le frère de Sylviane Fabre. Une union encore plus malheureuse car l'alcool qui coule à flots, fait naître dans un couple ce qu'il y a de plus terrible : les coups. À la naissance de Séverine, la deuxième fille, Noël abandonne Colette et va vivre à Madagascar, une île immense et un pays situé au large de la côte sud-est de l'Afrique. Colette tente d'oublier mais c'est plus fort qu'elle ; chaque rencontre est faite avec des hommes violents, comme Michel, son dernier compagnon, alcoolique et toxicomane.

Une relation toxique à laquelle Colette a mis fin, mais Michel n'arrêtait pas de la harceler au point qu'elle a été obligée de changer de numéro de téléphone. Les enfants qui connaissaient sa violence le soupçonnent immédiatement lorsqu'ils sont interrogés par les gendarmes. Michel était tellement violent qu'il y a quelques années, il avait séquestré Colette à son domicile. Une piste qui semble très sérieuse. Pourtant lorsque les gendarmes sonnent à sa porte, personne. En fait Michel est à l'agonie. Hospitalisé dans un état grave, déjà pendant la disparition, Michel va décéder dans les six jours qui suivent. Pour les militaires, c'est une première porte qui se ferme.

Une autre piste est celle d'un certain Bernard Cubas, le voisin de dessous de Colette Deromme qui apparemment fait tout pour attirer l'attention. Depuis la disparition de Colette, il tient des propos étranges et dérangeants envers ses enfants. Il donne plusieurs méthodes pour se débarrasser de quelqu'un sans laisser de trace. Rien de compliqué pour Cubas, le garage est rempli de produits toxiques qui lui servent à rénover les carrosseries. Toujours habillé d'une combinaison blanche avec masque et gants, c'est la tenue parfaite pour faire disparaître une personne. Depuis le début de l'enquête, Bernard Cubas se montre très curieux s'immisçant dans l'enquête, à la limite dérangeant.

L'homme intéresse les gendarmes car il possède un passé chargé. Déjà condamné dans le passé pour une tentative d'homicide, il a passé six ans derrière les barreaux car il avait tiré sur le compagnon de son ex-petite amie. A sa libération en 2003, Bernard Cubas s'est mis au vert au rez-de-chaussée de la villa. Depuis, il fait une fixation sur Colette Deromme. Cubas déclare toutefois qu'il n'a rien vu, rien entendu, dans les heures qui ont précédé la disparition de Colette. Il présente comme alibi pour la soirée de la disparition, un programme de télévision qui, après enquête, s'avère totalement faux. Les gendarmes gardent Cubas à l'œil tout en le laissant en liberté pour le moment ; pas assez de charges pour procéder à son éventuelle garde à vue.

Le 22 avril 2011, un fait qui va s'avérer étranger à l'enquête va perturber les recherches. En effet, à Roquebrune-sur-Argens située à seulement trente kilomètres de Lorgues, la voiture de l'homme le plus recherché de France est retrouvée, celle de Xavier Dupont de Ligonnés, soupçonné, à Nantes, d'avoir assassiné toute sa famille avant de s'enfuir. Le 14 avril 2011, il a retiré de l'argent dans un distributeur et a passé la nuit dans un hôtel « Formule 1 ». Colette Deromme a disparu seulement le lendemain. La gendarmerie est obligée d'enquêter pour en savoir un peu plus sur le lien que pourraient avoir les deux affaires.

Un lien il y en a un et pas des moindres, Xavier Dupont de Ligonnés a séjourné à Lorgues de 1990 à 1992. On imagine que ces deux personnes, à peu près du même âge, se sont peut-être connues à l'époque et qu'il serait revenu dans la région, 19 ans plus tard, pour s'enfuir avec elle. Dans la ville, la rumeur publique prétend qu'ils ont été amants. Les gendarmes prennent l'affaire au sérieux. Des témoins affirment même avoir vu Xavier Dupont de Ligonnés en voiture, en compagnie d'une blonde. Des investigations plus poussées vont démontrer que Colette Deromme n'a jamais rencontré Xavier

Dupont de Ligonnés. Une nouvelle piste qui ne mène à rien. Pour les enquêteurs, c'est un retour à zéro avec cette nouvelle piste définitivement écartée. Un rebondissement va se produire un mois après la disparition.

Le 15 mai 2011, deux promeneuses appellent la gendarmerie. Les deux amies ont passé la journée dans l'arrière-pays varois, en rentrant par la route d'Aups, à 30 kilomètres de Lorgues. La conductrice décide de s'arrêter pour regarder une dernière fois le panorama et prendre quelques photos. Elle déclare à son amie Isabelle Thiriez qu'elle ne se sent pas bien et perçoit comme une odeur de mort. De leur emplacement, les deux femmes ne peuvent pas voire grand-chose, elles décident d'aller vérifier en contre-bas dans un ravin de plusieurs dizaines de mètres de profondeur. Les deux femmes découvrent un corps enseveli sous les pierres. Elles décident de remonter près de leur voiture et de prévenir les gendarmes.

Arrivés sur place, les hommes de la gendarmerie retirent les pierres posées sur le corps. L'adjudant-chef Roger Camoin découvre seulement quelques membres visibles, une main, un pied, le reste du corps est dans un état de putréfaction avancé. Près du corps une botte, des vêtements de femme, la chevelure. Il apparait qu'il ne s'agit pas d'un accident mais bien d'une personne qui s'est débarrassée d'un corps, cherchant à le dissimuler. Les gendarmes convoquent Alexandre et ses trois sœurs avec un paquet de photos en main des habits retrouvés sur place, pour tenter une possible identification. Le corps n'étant pas reconnaissable, c'est la seule solution trouvée par les enquêteurs. C'est la botte que Gabrielle, la fille aînée, reconnaît avant de fondre en larmes.

L'autopsie est particulièrement difficile, le corps est putréfié, il a séjourné longtemps dehors. Il sera compliqué d'établir la cause du décès. Sur ce qui reste du corps, le légiste ne relève pas de traces d'arme blanche, pas plus que d'arme à feu, mais les parties molles du cou sont manquantes. Le médecin part à la recherche de l'os hyoïde situé au-dessus du larynx, il est souvent la conséquence d'une strangulation. Cet os fragile a disparu tout comme une partie du crâne qui empêche de savoir si la victime a été frappée. L'autopsie n'apporte pas beaucoup d'éléments par l'absence de plusieurs parties du corps. Difficile également de situer la date de la mort, bien que le médecin légiste émette l'hypothèse qu'elle a vraisemblablement eu lieu le jour ou le lendemain de sa disparition.

Les examens biologiques ne trouvent aucune trace de drogue dans le sang ou les viscères. Sur place aucune trace de sang ou de lutte. Colette a sans doute été tuée ailleurs puis transportée dans le ravin pour y être dissimulée sous des pierres. Aucune empreinte sur le corps et de nombreuses questions qui restent en suspens. Sans nouvelles pistes les gendarmes reviennent à leurs premiers soupçons contre Bernard Cubas. Il a été plusieurs fois interrogé, des perquisitions ont eu lieu chez lui, mais l'ancien taulard est un « dur à cuire ». Placé sous écoute, l'homme devine très vite qu'il est le principal suspect. Lorsque Bernard parle à ses amis au téléphone, c'est en fait aux gendarmes qu'il s'adresse.

Comme un jeu de piste, Bernard Cubas sème des indices dans ses conversations. Les enquêteurs sont persuadés qu'il ne dit pas tout et sait certainement quelque-chose. Il oriente les gendarmes sur la piste du véhicule qui, garé devant la propriété, est en fait une mise en scène. Le 14 avril 2011, il a vu le véhicule de Colette revenir, mais à l'intérieur ce n'était pas une blonde qui conduisait. Le chauffeur était habillé de vert, mais il n'a pas pu l'identifier. L'ancien taulard ne l'avait jamais dit aux gendarmes. Ne voulant pas passer pour une balance, c'est la seule solution qu'avait trouvée Bernard Cubas, se sachant sur écoute : donner des indications à ses amis qu'il savait analysées par les enquêteurs.

A plusieurs reprises, il cite le nom de Sylviane Fabre, indiquant que les gendarmes devraient s'y intéresser s'ils veulent en savoir plus. En creusant un peu plus sur le litige immobilier qui opposait les deux femmes, les enquêteurs découvrent qu'en fait Colette et Sylviane étaient en guerre. L'origine du litige est la maison de famille de Sylviane Fabre. En 2010, son fils David Parel qui vivait à Laval, une ville de l'Ouest de la France, dans la Mayenne en Pays de la Loire, voulait revenir vivre au soleil. Son envie de retaper l'ancienne maison de son enfance était un rêve. David s'installe donc dans la maison avec sa femme et ses enfants. Mais cette maison n'appartient pas à Sylviane mais à son frère Noël Fabre.

Sylviane Fabre déclare être la mandataire de cette maison et veut faire ce qu'elle veut. Elle décide donc de rénover la maison avec l'aide de la SCI qu'elle a montée avec Colette Deromme. Sylviane utilise systématiquement le chéquier de la société pour payer le matériel, en expliquant à son fils qu'elle remboursera plus tard. Elle détourne ainsi près de 4 000 euros de la SCI, ce qui est facile pour elle en sa qualité de gérante. Toutefois David ne supporte pas de voir sa mère escroquer sa tante. Il prévient sa tante Colette qu'il adore. Colette décide alors de réaliser un faux procès-verbal d'assemblée générale, se désignant comme la gérante de la société pour avoir accès au compte et aux différents documents.

Colette Deromme devient la nouvelle gérante, Sylviane Fabre est folle de rage d'autant que c'est son fils qui l'a trahie. Pour se venger, elle dénigre son ancienne belle-sœur auprès de ses enfants et son propre fils auprès de son épouse. Sylviane ne lâche pas l'affaire, poursuivant Colette jusque sur son lieu de travail, allant jusqu'aux menaces exprimant qu'il pourrait arriver quelque-chose de fâcheux. Colette avait très peur, depuis elle évitait tout contact avec Sylviane. Jusqu'au 14 avril 2011, le jour de sa disparition, où Colette Deromme reçoit un appel de son ex-belle-sœur Sylviane Fabre. A 12h22, un échange téléphonique entre les deux femmes de 70 secondes. Trois heures après Colette est sortie de chez elle. Elle a pris la route de Draguignan, c'est là qu'une amie l'a croisée à 15h30.

Ce que l'on sait de cet appel téléphonique de courte durée, c'est Sylviane Fabre qui le dira plus tard. Un rendez-vous avait été organisé pour le lendemain, 15 avril 2011, avec un médiateur, concernant la SCI. Les gendarmes décident de placer la femme sur écoute ainsi que son fils David Parel. Sylviane est très loquace, elle n'hésite pas à dire que la mort de Colette est une bonne chose en ces termes : « Colette le prenait de haut, maintenant elle est six pieds sous terre ». Même si les gendarmes disposent de fortes présomptions, ils n'ont pour le moment aucun élément matériel.

Sylviane Fabre et David Parel sont convoqués à la gendarmerie pour être entendus sur leur emploi du temps du 14 avril 2011. Sylviane Fabre raconte qu'elle a passé la journée chez elle. En fin d'après-midi, elle a rejoint son fils. Vers 20h00, ils ont diné tous ensemble avec David, sa femme et ses enfants. Sylviane a décidé de rentrer chez elle vers minuit. Un peu avant elle demande à son fils d'essayer son véhicule, elle soupçonne un problème d'alternateur. Sylviane et David partent ensemble sur la route, mais tombent en panne à proximité du parking Intermarché. C'est sous la pluie, en pleine nuit, qu'ils ont regagné à pied le domicile de David. Aucun des deux n'avait pris son téléphone portable. Ils ont parcouru huit kilomètres, à 04h00 du matin. Une sacrée randonnée. Ne reste plus aux gendarmes qu'à vérifier cet alibi.

Deux gendarmes parcourent la même distance et comptent 2h30. Premier mensonge pour Sylviane et son fils qui déclarent avoir mis 5 heures. Les enquêteurs vérifient également la météo cette nuit-là, mais aucune goutte d'eau n'est tombée. Il s'agit du second mensonge. Ils déclarent aussi n'avoir croisé qu'une seule voiture. Manque de chance pour eux, la Direction Départementale de l'Equipement (DDE) réalise des travaux sur cette route et a procédé à l'installation d'une borne afin de comptabiliser le nombre de véhicules qui passent sur cette voie. Onze véhicules sont passés sur la route dans le créneau horaire donné par Sylviane et son fils, un troisième mensonge.

Même si le récit de Sylviane Fabre et de son fils David Parel est truffé de contradictions, ils maintiennent leur version. Les gendarmes n'obtiennent rien et décident de les relâcher en comptant sur le facteur temps pour que les choses murissent. Toujours sur écoute, les enquêteurs ne perdent rien de leurs différents échanges. Quelques semaines plus tard, étrangement, David Parel quitte le Var et retourne à Laval avec toute sa famille. Les gendarmes découvrent que l'homme va mal, il se met souvent en « arrêt maladie », consulte médecins et psychiatres. David commence à boire et prendre des cachets pour dormir, avec des envies de suicide. Les gendarmes devinent que le fils de Sylviane Fabre est rongé par quelque chose.

Ce qui s'est passé, c'est un crime familial. C'est sa mère Sylviane qui a tué Colette et David est mouillé jusqu'au cou. Mais ce secret, David ne peut en parler à personne. David a juré à sa mère de se taire, il est mort de frousse à l'idée de la balancer. Plus le temps passe, plus la rancœur entre le fils et sa mère grandit. La seule crainte du fils est que sa mère le dénonce en lui mettant le crime sur le dos. Il sait que sa mère s'est vantée aussi du meurtre à Bernard Cubas. Au cours de leurs échanges téléphoniques, David fait comprendre à sa mère qu'elle doit se dénoncer, sinon c'est lui qui le fera. Elle répond simplement : « Tu commences à me pomper, si je dois partir, je ne partirai pas seule, avant ça, il y aura des morts... ».

Au fil des écoutes, les gendarmes se rendent bien compte qu'un drame peut arriver d'un moment à l'autre. Ils décident donc de placer Sylviane Fabre et David Parel en garde à vue, le 20 février 2012, dix mois après les faits. Et en des lieux différents, Sylviane à Lorgues et David à Laval. Une audition très dure pour Sylviane, d'un caractère fort et sûre d'elle, donnant du fil à retordre aux militaires alors que pour David c'est le calme et le dialogue. Après quelques heures, sous les conseils des gendarmes qui gardent un calme impressionnant, ils essaient de convaincre l'homme de se livrer le plus vite possible, afin de minimiser son rôle. Parel se libère et déclare ce qui s'est passé chez lui le 14 avril 2011.

Sylviane a donné rendez-vous à Colette chez David pour parler de la SCI. Mais dès qu'elle est arrivée vers 15h45, Sylviane a attiré Colette dans une dépendance de la maison. Trouvant un prétexte pour que Colette lui tourne le dos, Sylviane saute sur elle avec une cordelette qu'elle entoure autour de son cou. David déclare qu'il n'a pas assisté au meurtre, il jouait avec sa console en réseau dans le salon. Il est arrivé quelques minutes après. Il trouve sa mère tremblante avec un peu de bave à la commissure des lèvres. Elle lui déclare : « Tu vois, j'ai solutionné le problème moi ! ». Colette est allongée au sol sans vie.

Les gendarmes de Laval savent tout, mais à Draguignan Sylviane Fabre tient toujours tête à leurs collègues. Acculée lors de l'interrogatoire, elle sait que son fils est en garde à vue et qu'il est le maillon faible dans l'histoire, Sylviane devine que son fils a parlé, elle finit par avouer son crime dans un moment de colère. Sans un remords, Sylviane Fabre raconte alors sa version des faits. Les deux femmes se sont disputées à propos de la SCI, le ton a monté, Sylviane a jeté Colette par terre sur le ventre. Elle lui met ses genoux sur ses épaules pour l'immobiliser et saisit une corde. Un détail qui fait froid dans le dos, elle déclare aux gendarmes : « Ce n'est pas si facile que ça, j'ai quand même mis 15 bonnes minutes... ». Par peur d'être accusé du meurtre, David obéit à sa mère sans sourciller.

Sylviane et David attendent deux heures du matin pour quitter la maison, ils prennent le corps à deux pour le placer dans la voiture. Sylviane a tout prévu, ils vont s'en débarrasser dans les gorges du Verdon à 30 minutes de distance. Mais malheureusement pour elle, son plan tombe à l'eau. La voiture tombe en panne d'alternateur près d'Aups. Sylviane décide donc de jeter le corps en contrebas de la route départementale et David le recouvre sommairement de pierres. Mal à l'aise, le garçon attend un signe d'affection de sa mère pour l'avoir aidée à s'être débarrassé du cadavre. Tout au moins un merci. Sylviane Fabre est mise en examen pour assassinat (meurtre avec préméditation), son fils David est mis en examen pour dissimulation de cadavre et dissimulation d'un lieu du crime. Bernard Cubas, quant à lui est mis en examen pour non-dénonciation de crime.

Sylviane Fabre est placée en détention provisoire et son fils David laissé libre sous contrôle judiciaire. Même si le mobile est une querelle familiale, il cache également un autre motif. La vie de David est une succession de ruptures sentimentales, pas avec les femmes mais avec sa mère. Une enfance difficile avec une mère autoritaire qui n'hésitait pas à se faire respecter avec des coups. David a un frère plus âgé, les deux jeunes se réfugient souvent chez leur voisine, Lucie Pichon. L'affection, Sylviane n'en montre pas beaucoup. Son obsession est le travail. Des métiers d'hommes, maçon bucheron, levant même de lourds sacs de ciment. Ses enfants lui avaient donné le surnom « d'Arnold Schwarzenegger avec des boucles d'oreilles ».

Pas facile de vivre avec une mère si dure, David préfère la douceur de sa tante Colette ce que supporte mal Sylviane, elle qui a soutenu sa belle-sœur durant son divorce. Elle l'a soutenue quand elle a arrêté de boire, l'aidant même à se constituer un patrimoine. Maintenant cette ingrate lui vole son fils. Sylviane Fabre a toujours eu le sentiment de passer au second plan. Ce n'est pas elle qui a hérité de la maison de famille, c'est son frère Noël ; ce n'est pas elle que les hommes regardent, c'est Colette. Et pour finir, son fils lui tourne le dos.

Ce qui l'a fait sortir de ses gonds, a été la reprise de la gérance de la SCI. Le fait de procéder à l'assassinat chez son fils, c'était une manière de l'impliquer directement, le mettant devant le fait accompli. Ce soir-là, Sylviane Fabre ne pouvait pas mieux faire pour tester la fidélité de son fils. David a dû faire un choix, protéger sa mère en dissimulant le crime ou dire la vérité aux gendarmes pour rétablir l'honneur de sa tante. En découvrant ces relations mère-fils compliquées, le juge d'instruction demande aux gendarmes de pouvoir approfondir leur enquête, afin de vérifier si David était bien sous l'emprise de sa mère et si les faits ne font pas de lui un acteur, complice du crime.

Le 10 mai 2012, Sylviane Fabre et David Parel sont emmenés pour une reconstitution sur les lieux du crime. Ils ne se sont pas revus depuis leurs arrestations, trois mois plus tôt. Les cousins de David ont des doutes sur son implication le jour des faits. Il a toujours déclaré ne pas connaître les intentions de sa mère, mais était au courant du rendez-vous comme sa femme l'a déclaré aux gendarmes. Alors pourquoi a-t-il laissé les deux femmes seules pour continuer de jouer à son jeu en réseau ? Sylviane Fabre laisse échapper durant une séance chez le psychologue que son fils lui aurait dit ce jour-là : « Ah ! tu n'as pas encore fini ? ». Déclaration qu'elle fera à nouveau devant le juge d'instruction en confrontation avec son fils. Elle déclare à son avocat, Isabelle Colombani, au sujet de cette phrase : « Je ne savais pas que cela figurerait au dossier… » mais sans préciser si la phrase était vraie ou fausse.

Une petite phrase lourde de conséquences pour son fils David qui remet en cause la vraie nature de sa participation. Car la peine encourue n'est pas la même, au lieu de 5 ans c'est perpétuité. Mais David aurait-il été capable d'aider sa mère ? Ou pire de tuer Colette ? Lors de cette reconstitution le magistrat va se faire son opinion. Pour lui, David

Parel est intervenu après le crime, pour nettoyer la scène et se débarrasser du corps. Il révèle en plus qu'il n'était pas au courant des intentions de sa mère ni avant les faits, ni durant les faits. Son alibi selon lequel, il jouait aux jeux en réseau a pu être vérifié par les gendarmes de Draguignan. De son côté, Sylviane Fabre refait les mêmes gestes avec une certaine froideur et sans compassion.

L'assassinat ne fait aucun doute, en effet la corde n'était pas dans la pièce mais sur un tas de bois à l'extérieur. De plus Sylviane ce jour-là, était équipée de gants de chirurgien. Pour ce qui est de Bernard Cubas, les faits mettent en évidence qu'il n'a rien commis ce jour-là. Le juge d'instruction prononce un non-lieu en sa faveur. Le procès s'ouvre le 20 janvier 2014 devant les assises de Draguignan et ne va pas signer l'acte de réconciliation de la famille.

David Parel comparait libre, ses cousins sont assis à quelques mètres de lui, ils ne se sont pas revus depuis deux ans. Une petite altercation intervient le premier jour entre Alexandre Vadrot et David Parel à qui il reproche d'être un assassin. Il espère obtenir le pardon de sa famille, les années n'ont pas effacé le remord. Pourtant ce ne sont pas ses cousins qu'il redoute le plus, mais sa mère. Contrairement à son fils, Sylviane Fabre n'éprouve aucun regret. Une accusée impassible mais qui sort de ses gonds quand le président évoque la personnalité de sa belle-sœur. Trois ans après les faits, elle n'en démord pas, elle a tué Colette sous l'effet de la colère, elle ne regrette en rien son geste, c'était nécessaire d'éliminer la personne qui voulait prendre possession de son patrimoine dont elle s'estimait être la seule gestionnaire. La famille attend surtout de David qu'il force sa mère à reconnaître la préméditation.

Comme la vie de Colette Deromme ou David Parel, la vie de Sylviane Fabre est une suite d'échecs affectifs. Un mariage raté, suivi d'un divorce, mais d'abord une enfance avec une mère alcoolique. La mère de Sylviane était sa grande souffrance. La fille était haïe et traînée comme un boulet. Une fois même, sa mère en état d'alcoolémie a voulu tirer sur le mari de Sylviane avec un fusil de chasse devant ses petits-enfants. Durant son adolescence, l'alcoolisme de sa mère est bien dissimulé, aucune copine n'est invitée à la maison. De toute façon, il y avait du travail, le ménage, le repassage quand ce n'étaient pas des travaux aux champs avec son père qu'elle aime beaucoup même si elle le juge rugueux.

Son père est menuisier et dès qu'il peut, il emmène sa fille en forêt. Il lui transmet les seules valeurs qui comptent à ses yeux, le travail et la sauvegarde du patrimoine. A cette évocation, David en est presque bouleversé. Le seul moyen pour lui de s'en sortir est de se livrer devant la cour sur les sentiments mais aussi la dureté de sa mère, et c'est ce qu'il fait lorsqu'il est interrogé. Il raconte le déferlement de haine que sa mère avait contre sa tante, son enfance malheureuse, tout ce qu'il a sur le cœur. Il ira même à dire à sa propre mère qu'à ses yeux, c'est un monstre. Mais David Parel ne redresse pas la tête très longtemps. Sa mère n'hésite pas à le remettre à sa place, lui demandant de « fermer sa gueule ! ». David comprend que sa mère ne changera jamais. Les cousins de David Parel attendent une peine sévère vis-à-vis de lui mais surtout vis-à-vis de leur tante. Dans son réquisitoire, l'avocat général Pierre Arpaia demande 25 ans pour Sylviane Fabre avec les 2/3 de la peine incompressible. Le jury se retire pour délibérer et le 24 janvier 2014 font connaître leur décision : 30 ans de prison pour Sylviane Fabre, la préméditation n'a pas été retenue, et 3 ans de prison dont 1 avec sursis contre David Parel qui accepte sa condamnation tandis que Sylviane Fabre fait appel.

C'est devant la cour d'assises des Bouches-du-Rhône, à Aix-en-Provence, que s'ouvre le procès en appel le 5 octobre 2015. A l'ouverture des débats, Sylviane Fabre aura une phrase très dure devant le président de la cour : « Ouais ! j'ai tué ma belle-sœur, et alors ? ». Les jurés confirment le 8 octobre 2015, la même peine qu'en première instance, 30 ans. La préméditation n'a toujours pas été retenue. David Parel a cessé tout contact avec sa mère et ne s'est jamais rendu au parloir pour la voir…

2014 – Anita VARNEROT

Nous sommes à Maincy située dans le département de Seine-et-Marne. Peuplée de 2 000 habitants, la commune se trouve à environ une heure de Paris et à seulement 4 kilomètres de Melun. Un village typique calme, c'est comme ça que ses habitants l'aiment. La vie s'écoule paisiblement dans cet endroit où il ne se passe jamais rien. C'est là que vit Marie Varnerot, ainsi que ses deux amis Clémence et Sylvain qu'elle a connus sur les bancs du collège.

Ses amis sont d'accord pour dire que Marie respire la joie de vivre. Elle a, de plus, un rire communicatif et le cœur sur la main. Son seul défaut, s'il l'on peut dire, c'est sa franchise. Elle ne peut pas s'empêcher de dire ce qu'elle pense, ce qui n'enlève en rien la loyauté qu'elle a envers ses amis et l'amour qu'elle porte à sa famille. Marie vit avec sa mère Anita et n'a jamais connu son père. Elle est le fruit d'un amour passager, une relation de travail de sa mère. Tandis que le père déclare qu'il voulait connaître sa fille, Anita de son côté déclarait à sa fille qu'il avait disparu.

Anita fait appel souvent à sa mère, qui habite non-loin de chez elle, pour élever Marie. Anita est fière de s'occuper de sa fille. Pourtant, depuis cinq ans elle est moins présente pour Marie. Rien d'étonnant, la mère a rencontré un homme et passe beaucoup de temps en sa compagnie. Marie est âgée de 12 ans, c'est un passage difficile pour elle. Les soudaines absences de sa mère la perturbent. Celle-ci laisse la plupart du temps sa fille seule vivre dans l'appartement malgré son jeune âge. Elle passe de temps à autre pour nettoyer à l'aspirateur et remplir le réfrigérateur. Le reste du temps, elle vit dans la maison de son compagnon.

Pour Marie, c'est une aubaine, elle en profite pour inviter très souvent ses amis chez elle. Les jeunes gens se retrouvent ensemble dans l'appartement avec chocolat à volonté et la musique de Michael Jackson. Une vie rêvée pour ces adolescents. Pourtant ses amis s'interrogent sur la vie que mène Marie, avec cette situation familiale tout de même hors du commun. En septembre 2013, Marie prend une décision, elle décide de ne plus se rendre au lycée et de suivre ses études par correspondance, elle est âgée alors de 16 ans. Elle est studieuse et met tout en œuvre pour obtenir son baccalauréat. Ses amis constatent à plusieurs reprises son sérieux dans les études et sa volonté d'obtenir par la suite des diplômes pour avoir une vie plus stable.

Anita s'inquiète pour sa fille et craint qu'elle laisse tomber ses études. Il faut dire que la mère n'a jamais eu de diplôme, son cycle scolaire s'est arrêté avec la 6ème. Elle ne vit que grâce à des petits boulots le plus souvent ménagers autour de chez elle. Des tensions sont palpables entre la mère et la fille, car Anita ne veut pas que sa fille reproduise le même schéma qu'elle. La conversation sur les études et l'avenir est un sujet de discorde. Anita reproche également à sa fille de faire souvent la fête. Marie dort le jour et passe des nuits blanches à répétition. Lorsqu'elle ne sort pas, Marie discute souvent sur les réseaux sociaux. Ce comportement agace Anita qui le fait comprendre à sa fille et les disputes se multiplient.

Malgré l'amour qu'elles se portent réciproquement, Marie et Anita n'arrivent plus à se comprendre. La mère de famille ne le sait pas encore mais dans quelques temps, elle n'aura plus l'occasion de se réconcilier avec sa fille. C'est le 17 février 2014, trois jours avant les 18 ans de Marie, que leurs vies vont basculer. Comme chaque midi, Anita rend visite à sa mère qui habite à quelques pas de l'appartement laissé à Marie pour un peu plus d'indépendance. Anita décroche à un appel inconnu sur son téléphone qui lui déclare : « Nous avons tué ta fille car elle nous a contaminés ! ». Anita est en colère qu'une personne qu'elle ne connaît pas tienne de tels propos et raccroche le téléphone. Elle raconte à sa mère qu'on a tué Marie.

Les deux femmes partent immédiatement au domicile de Marie pour vérifier si les informations données au téléphone sont authentiques. La grand-mère essaie de suivre Anita comme elle peut. Lorsque cette dernière pénètre dans l'appartement de Marie, c'est une scène d'horreur qui l'attend. La demeure de la jeune fille est composée d'un rez-de-chaussée et d'un étage. Anita monte tout de suite dans la chambre et découvre le corps de sa fille allongé sur le lit, sans vie. La tête de Marie est enveloppée dans une taie d'oreiller et des coussins lui recouvrent le visage. Anita prend le corps de sa fille dans ses bras en pleurant, l'enlace, mais ce n'est pas elle qui prévient les secours. C'est la grand-mère qui va au café d'en face pour les appeler.

Les policiers du commissariat de Melun arrivent sur les lieux avec les secours. Ils ne peuvent malheureusement que constater le décès de la jeune fille de 17 ans. Une mort qui leur apparaît immédiatement suspecte. Averti, le parquet décide de tout arrêter et de saisir la brigade criminelle de Versailles. La commandante de police, Stéphanie Duchatel, prend l'affaire en main sur demande du Tribunal de Grande Instance (TGI) de Melun. La mort d'une jeune fille de 17 ans, chez elle, est assez inhabituelle et les premières constatations révèlent des éléments pour le moins troublants. Aucune porte n'est fracturée, pas plus la porte d'entrée que la porte de la chambre.

Alors que la mère visiblement choquée attend des informations, les enquêteurs se rendent dans la chambre de l'appartement. La jeune Marie Varnerot est allongée dans le lit, vêtue seulement d'une petite culotte. Pendant que le médecin légiste procède à un premier examen, les policiers inspectent le reste de l'appartement. Beaucoup d'affaires sont éparpillées sur la table, d'autres jonchent le sol, le contenu d'un sac à main a été renversé. Les autres pièces, comme la cuisine et les toilettes, ne semblent pas être en désordre, aucune trace de lutte n'est relevée. Anita assiste aux investigations, calme, assise sur une chaise en fumant des cigarettes.

Pourtant, dans la cuisine, un premier élément requiert l'attention des enquêteurs : des résidus de comprimés écrasés sur l'évier. La thèse du suicide peut éventuellement être retenue, du fait de la vie particulière de Marie, fêtarde et addicte aux réseaux sociaux qui vivait comme dans une bulle et dont le tempérament pouvait faire penser à une personne dépressive. Mais voilà, dès que le médecin légiste a terminé ses premières constatations, la thèse du suicide s'effondre. Aucun doute, pour lui la mort est d'origine criminelle. De légers hématomes sont découverts dans la bouche au niveau des lèvres et des traces légères autour du cou de la victime. Marie a sans doute été étouffée avec des oreillers sur le visage et d'autres autour de la tête, afin qu'elle soit bien emprisonnée pour empêcher toute possibilité de respirer. L'appel reçu par Anita Varnerot n'était donc pas un canular.

Anita déclare que sa fille souffre d'une hépatite B depuis plusieurs mois. Il est donc tout à fait plausible qu'elle ait pu le transmettre à quelqu'un. Les enquêteurs demandent donc à la mère de leur confier son téléphone portable afin qu'ils puissent remonter vers le mystérieux correspondant. Affectée par le décès de sa fille, Anita commet une terrible maladresse. Au moment de donner son téléphone aux enquêteurs, elle fait une mauvaise manipulation qui vide tout le contenu des appels de son téléphone. Interrogée, elle déclare aux policiers qu'elle est habituée régulièrement à effacer son journal d'appel.

Outre les appels, les SMS sont également effacés, ce qui va compliquer la tâche des enquêteurs. Le téléphone d'Anita est immédiatement envoyé à un laboratoire spécialisé dans l'analyse des données perdues. Alors que les constatations dans l'appartement se terminent, l'enquêteur Mickaël Reynard s'étonne que le portable de la victime n'ait pas été retrouvé. On pense que le meurtrier l'a sans doute pris, mais dans quel but ? Le trousseau de clés de Marie n'a pas non plus été retrouvé. Il n'y a rien de logique dans cette affaire. Pour le moment les policiers sont dans l'attente de l'autopsie et des différentes analyses qui pourraient les mettre sur un début de piste, susceptible d'orienter leur enquête.

Dès le lendemain du meurtre, le 18 février 2014, le corps de Marie Varnerot est autopsié. Selon le médecin légiste, la mort remonte à la veille entre 09h00 et midi. La cause réelle de la mort s'oriente vers une strangulation, même si une combinaison d'étouffement a pu avoir lieu. L'autopsie démontre que le meurtrier n'a rien laissé au hasard et a tout fait pour que l'adolescente ne s'en sorte pas. Dans son organisme sont retrouvées des traces de zolpidem, un somnifère puissant, que l'on prescrit uniquement en cas d'insomnies sévères. La dose constatée est 10 fois supérieure à la prescription thérapeutique. Son agresseur avant de l'étrangler a sans doute voulu l'empêcher de bouger ce qui explique en partie qu'aucune blessure défensive n'a été relevée.

Pour les enquêteurs, le mobile du crime semble établi, mais les conclusions du médecin légiste vont faire effondrer leur théorie. Marie Varnerot n'a pas pu contaminer qui que ce soit. La jeune fille n'avait aucune maladie transmissible. Une seule certitude, le meurtrier avait tout calculé pour aller au bout de son plan machiavélique. A partir du moment où son auteur a fait avaler une substance à sa victime, le crime est requalifié en assassinat, la préméditation ne fait aucun doute. Dans l'hypothèse où les somnifères n'auraient pas suffi à se débarrasser de la jeune fille, la strangulation a « terminé » la triste besogne. Mais qui aurait pu s'en prendre à Marie Varnerot de la sorte ? Pouvait-elle cacher un secret qui pourrait expliquer un tel meurtre ?

A Maincy, la nouvelle du décès se répand. Clémence, son amie d'enfance, se souvient très bien du jour où elle a appris comment Marie s'était fait tuer. Une camarade de classe commune le lui annonce avec beaucoup de ménagement. Elle connaissait les liens amicaux qui unissaient les deux filles et annonce que le corps de Marie a été retrouvé chez elle. Clémence prévient à son tour les autres amis qui sortaient avec eux, ils sont dévastés. Marie n'avait aucun ennemi, elle vivait une vie tranquille sans s'embarrasser de disputes stériles, elle était aimée de tout le monde et personne ne voit qui pouvait lui en vouloir. Les enquêteurs de Versailles veulent désormais en savoir un maximum sur Marie Varnerot.

Les proches sont entendus et Anita est la première à être auditionnée dans le bureau des enquêteurs. Elle raconte qu'elle a eu Marie à la suite d'une aventure amoureuse de courte durée. La mère, visiblement éprouvée, lance les policiers sur une première piste. Selon elle, Marie était victime d'un chantage, photographiée nue par un jeune homme qui menaçait de diffuser ses photos sur les réseaux sociaux. Anita pense que c'est peut-être l'auteur du chantage qui pourrait avoir fait le crime. Sans révéler le nom de son maître chanteur, Marie a demandé de l'aide à sa mère afin que ces photos ne soient jamais publiées. Anita a été obligée de donner de l'argent à sa fille pour faire taire le maître chanteur. Anita déclare que depuis trois mois elle aidait sa fille. Elle ne pouvait plus payer son loyer car elle lui donnait 200 euros mensuels. Les amis de Marie, interrogés à leur tour, déclarent qu'ils en avaient simplement entendu parler du manque d'argent de la mère de Marie.

La difficulté principale demeure que le téléphone de Marie n'a pas été retrouvé. Il est impossible d'avoir le journal de ses appels ou des messages échangés. Les enquêteurs décident donc d'analyser son ordinateur et de demander à l'opérateur la liste des appels passés. L'examen se solde par un échec, aucune piste ne se dégage. Aucune trace de rendez-vous ou d'échange d'argent, rien non plus sur les réseaux sociaux qui aurait pu faire penser à un chantage, pas plus que de photos même non dénudées postées par une autre personne que Marie.

Les recherches sur un hypothétique maitre chanteur s'arrêtent peu à peu. Les policiers décident donc de revenir à la base de leurs investigations et d'examiner toutes les pistes une par une, même les plus improbables, pour les refermer après une enquête complète. C'est la mère de la victime, Anita, qui va placer les enquêteurs sur une nouvelle piste. Elle révèle aux policiers ses soupçons sur un ancien petit ami de sa fille. Un jeune homme que l'on surnomme « Junior » et que Marie aurait vu peu de temps avant le meurtre. Il s'agit d'un habitant du « 93 » (Seine Saint-Denis) en qui Anita n'a aucune confiance et qui avait sur Marie une mauvaise influence. Les policiers retrouvent très vite sa trace, le jeune homme est déjà présent dans les bases de données génétiques pour avoir commis quelques larcins.

Il est convoqué dans les locaux de la police judiciaire, et déclare effectivement connaître Marie, avec qui il a eu quelques relations sexuelles. Jamais de disputes, ni d'attachement particulier, ils se sont quittés d'un commun accord. Toutefois, les policiers retrouvent des traces récentes du jeune homme dans l'appartement de Marie comme son caleçon qu'il reconnaît et des préservatifs encore emballés. Le jeune homme précise que le caleçon est présent depuis plusieurs mois. Changeant une partie de sa version initiale, il précise que c'est lui qui voulait rompre et que Marie avait tout fait pour le retenir, jusqu'à lui faire croire qu'elle attendait un enfant de lui, grossesse imaginaire.

Les enquêteurs décident de creuser cette piste. Pour eux il faut trouver où était « Junior » le matin du meurtre. S'est-il rendu au domicile de Marie pour mettre fin au chantage de la grossesse ? Une forte dispute a-t-elle éclaté ? Les policiers vont se faire communiquer les bornages téléphoniques du petit copain « Junior » par son opérateur téléphonique.

Les résultats prouvent que le jeune homme était localisé à des dizaines de kilomètres au moment du crime. Une nouvelle piste qui se referme, « Junior » est définitivement blanchi par les enquêteurs. Toutes les autres pistes se referment les unes après les autres. Mais le travail va finir par payer, et révéler un scénario des plus glaçants.

Les résultats des analyses ADN faites sur le corps de Marie viennent de tomber. Des traces appartenant à Anita, sa mère, sont retrouvées, ce qui parait normal puisqu'elle a saisi le corps quand elle a trouvé sa fille inanimée dans son lit. Toutefois l'ADN d'Anita Varnerot se trouve également sous les ongles de sa fille. Les experts insistent pour expliquer qu'il ne suffit pas de toucher une personne pour effectuer un transfert de l'ADN. Les policiers pensent alors qu'il y a sans doute eu une bagarre entre les deux femmes. Certes, ce n'est pas une preuve essentielle, mais ce qui va surprendre également les enquêteurs c'est l'absence de tout autre ADN.

Ces résultats résonnent comme un coup de tonnerre dans l'enquête. Désormais, Anita Varnerot est la principale suspecte dans l'affaire. Pour suivre leur enquête, les policiers vont essayer de remonter à l'appel qu'elle aurait reçu, lui annonçant le meurtre de sa fille ? Ils sont persuadés que c'est cet appel qui va être la clé du dossier. Les enquêteurs demandent la facture détaillée complète de l'abonnement d'Anita, ainsi que le journal des appels émis et reçus. Ils pensent ainsi remonter à la personne qui l'a appelé le midi de la découverte du corps. Sur le rapport de l'opérateur, il y a un appel effectivement suspect dans la tranche horaire donnée par Anita Varnerot. Le 14 février 2014 à 14h18, d'une cabine téléphonique publique du quartier de l'Almont à Melun, l'appel a été passé avec une carte téléphonique achetée dans un débit de tabac aux environs de 13h00.

Les faits sont tout aussi étranges à l'ère des portables et des réseaux sociaux. Les policiers retrouvent le commerce où la carte a été achetée, mais le buraliste est incapable de se souvenir de la personne qui l'a acquise. Les enquêteurs lui demandent alors s'il est équipé, pour son commerce, d'une vidéosurveillance ce que confirme le buraliste. Les enquêteurs vont ainsi découvrir le visage de la personne qui a acheté la carte et passé l'appel téléphonique annonçant le crime à la mère de Marie.

Surprise : sur la vidéosurveillance, l'acheteuse n'est d'autre qu'Anita Varnerot. L'identité ne fait aucun doute, la bande vidéo est de bonne qualité. On la voit acheter une carte téléphonique prépayée et deux paquets de cigarettes. Anita est réputée pour être une grande fumeuse. Après un moment de silence des enquêteurs qui se regardent les uns les autres, ébahis par ce qu'ils viennent de voir, tout se recoupe, le puzzle des faits se concrétise dans leurs esprits. Le choc est immense pour ces policiers pourtant chevronnés. Cette fois la mère est liée de près ou de loin à l'assassinat de sa fille, que ce soit en qualité d'auteur, co-auteur ou complice. Une question se pose, comment Anita a pu passer cet appel tout en étant chez sa mère pour le recevoir ?

Grâce une nouvelle fois au bornage du téléphone, on s'aperçoit qu'en fait Anita est dans le même périmètre de la borne de Melun à proximité de la cabine téléphonique. C'est après cet appel qu'Anita a repris sa voiture pour rentrer à Maincy. Une fois arrivée chez sa mère pour boire son café comme chaque jour, il ne restait plus qu'à faire semblant de recevoir cet appel téléphonique. Elle arrive chez sa mère à 14h40 et non pas à 14h20 comme indiqué. Les policiers n'en reviennent pas. Non seulement le meurtre sur son propre enfant reste rare, mais prémédité, cela relève de l'exception. Ce qui parait le plus abject, c'est que lorsqu'Anita fait semblant de recevoir ce faux appel, elle sait pertinemment que sa fille Marie est déjà morte.

Le 20 février 2014, trois jours après le meurtre de Marie, les policiers versaillais se rendent chez la mère, Anita, pour l'interpeller. A 06h00, malgré l'heure matinale, la femme ne semble pas surprise et n'oppose aucune résistance. Seul son compagnon semble surpris et demande aux policiers ce qu'ils font là. Lors de la perquisition et du placement en garde à vue, l'un des policiers trouve dans la salle de bains une plaquette du même somnifère que celui de la victime. Anita Varnerot est ensuite emmenée dans les locaux de la police judiciaire de Versailles. Dans un premier temps, la suspecte pleure sur la mort de sa fille et dénonce un acharnement policier contre elle. Anita raconte son emploi du temps, comme chaque jour, aux enquêteurs, mais ceux-ci savent pertinemment qu'elle ment.

Confrontée aux images de la vidéosurveillance, Anita est fortement surprise. Elle tombe alors dans une déclaration digne d'un roman-photos, elle a bien acheté la carte, mais l'a perdue. Cette dernière a pu être récupérée par un individu qui a passé cet appel téléphonique. Les enquêteurs font remarquer à Anita qu'il parait invraisemblable qu'un inconnu ait pu voler la carte, connaître l'adresse de sa fille et le numéro de téléphone de sa mère pour l'appeler immédiatement dans la foulée, dans le but de revendiquer un meurtre qu'il aurait commis en amont. Qui plus est dans la zone géographique où elle borne au même moment. L'étau se resserre.

La commandante de police, Stéphanie Duchatel, interroge ensuite Anita sur la plaquette de somnifère retrouvée chez elle. La mère a réponse à tout. Elle déclare qu'elle s'est rendue deux semaines auparavant à la pharmacie pour acheter une boite de somnifère. Normalement ces médicaments réclament une ordonnance mais la pharmacienne qui connaît bien la famille a accepté de les délivrer, sans présentation de carte vitale ni ordonnance médicale. Les produits ont été achetés et payés en espèces, la gestion des stocks ne possède pas l'identité de l'acheteur. Quand on demande à Anita la raison de cet achat, elle répond qu'elle a des soucis de sommeil depuis sa ménopause et qu'elle pense avoir besoin de somnifère pour passer de meilleures nuits.

Les heures tournent et Anita reste sur ses positions. Il serait bon d'obtenir des aveux avant la fin de la garde à vue. L'officier de police, Mickaël Reynard, décide de jouer le tout pour le tout. Il tente d'émouvoir Anita en lui disant : « Vous savez quel jour on est aujourd'hui ? Le 20 février 2014, Marie aurait dû fêter ses 18 ans aujourd'hui ! [...] Si vous devez une vérité à votre fille c'est maintenant, il faut parler, par respect pour elle ! ». Anita s'ouvre petit à petit et dans un sanglot déclare : « Je suis un monstre, ouvrez la fenêtre, j'ai envie de sauter ! ». L'officier de police la rassure en lui indiquant qu'il ne porte pas de jugement, il veut juste savoir pourquoi ?

A partir de ce moment, Anita se ferme totalement. L'officier de police sait désormais que c'est elle, sans l'ombre d'un doute. Au terme de sa garde à vue, Anita Varnerot est présentée au juge d'instruction du Tribunal de Melun. Malgré l'absence d'aveux, elle est mise en examen pour l'assassinat de sa fille. Mais alors pour quelle raison cette mère de famille aurait assassiné sa fille, dans quelle spirale serait-elle tombée ? Les policiers tentent de trouver la solution sans l'aide d'Anita et envisagent plusieurs hypothèses. Peut-être qu'Anita aurait tué sa fille car cette dernière s'apprêtait à répéter à tout le monde que sa mère avait contracté le Syndrome d'Immunodéficience Acquise (SIDA). C'est Anita elle-même qui avait donné cette information aux enquêteurs durant sa garde à vue. Elle était séropositive bien avant la naissance de Marie qui, pour sa part, était séronégative (dont le sérum sanguin ne contient pas d'anticorps spécifiques).

Dans l'entourage d'Anita, personne n'était au courant. Et si Marie avait découvert récemment son secret et qu'elle se serait mise à la faire chanter auprès de son compagnon qui n'était pas informé ? Est-ce que Marie était un frein à sa nouvelle vie ? Selon les proches de Marie, il existe une autre hypothèse pour expliquer son mobile. Marie aurait entrepris des démarches pour retrouver son père, alors qu'Anita s'y était toujours opposée. Mohamed Diarra, un ancien petit ami de Marie se rappelle que cette dernière lui avait souvent parlé de retrouver son père biologique.

Selon Mohamed, la jeune fille se trouvait devant un obstacle de taille dans ses investigations. Sa mère Anita refusait qu'elle reprenne contact avec son père. Le simple fait d'en parler la mettait dans une rage folle. Contre l'avis de sa mère, Marie semblait toutefois bien décidée à retrouver cet homme. Mais à chaque démarche administrative, elle se trouvait confronté au fait qu'elle était mineure. Il est alors possible que Marie ait été assassinée quelques jours avant ses 18 ans pour l'empêcher, une fois majeure, d'arriver à ses fins et de connaître l'identité de son père. Même si cette dernière hypothèse parait bien légère, elle reste un mobile qu'il ne faut pas écarter. Comment trouver la vérité ? Tout le monde espère que cette vérité sortira lors du procès.

Celui-ci débute le 4 janvier 2017, devant la cour d'assises de Seine et Marne, à Melun. Après trois ans d'attente, l'arrivée d'Anita Varnerot dans le box des accusés provoque la stupeur. Elle est totalement méconnaissable. Amaigrie, elle a vieilli, présente des cheveux poivre et sel. Négligemment habillée, elle n'a fait aucun effort pour paraître à son avantage et renforce l'image négative qu'on pourrait avoir d'elle. Interrogée, elle continue de clamer son innocence. Elle le jure, elle n'a pas tué sa fille. Ses déclarations voudraient être criantes de vérité. Les amis de Marie sont partagés. Une partie d'entre eux la croit coupable, tandis que l'autre partie a envie qu'elle soit innocente.

Les avocats d'Anita vont tout mettre en œuvre pour obtenir l'acquittement de leur cliente, quitte à remettre en cause les investigations réalisées, même pour les résultats les plus probants ne souffrant, normalement, d'aucune contestation. Malgré l'absence d'aveux, les faits parlent d'eux-mêmes et affaiblissent considérablement la défense d'Anita. Comme va le témoigner la commandante de police Stéphanie Duchatel, il est rare dans une affaire criminelle d'avoir autant de preuves indiscutables, que ce soient les photos de vidéosurveillance ou les relevés de bornage du téléphone, en passant par la coïncidence du même somnifère retrouvé chez Marie et chez Anita, obtenu sans ordonnance. L'accusée coche, à son sens, toutes les cases du mauvais meurtrier si on tient compte des erreurs faites.

Au terme des 4 jours de procès, Anita Varnerot est condamnée à 20 ans de réclusion criminelle pour le meurtre de sa fille Marie, le 8 janvier 2017. L'infanticide (meurtre d'un enfant) n'existe plus en tant qu'infraction pénale spécifique depuis le 1er mars 1994 qui ne concernait que les nouveaux nés. Désormais on qualifie de meurtre sur mineur de moins de 15 ans. L'accusée ne montre aucune réaction. La sentence sera confirmée deux ans plus tard, lors du procès en appel le 13 septembre 2019 par la cour d'assises de Paris. Bien qu'une vérité judiciaire soit sortie, beaucoup restent troublés par cette affaire. Pour le manque d'aveux, les enquêteurs restent persuadés qu'il s'agit d'un refus de culpabilité. Les affaires de meurtres sur sa progéniture, le péché originel, sont toujours difficiles. Souvent les parents ne se pardonnent pas ce qu'ils ont fait et refusent de l'admettre ; une manière de se persuader que cela n'a pas eu lieu…

2014 – Hervé ROBINO

Nous sommes le 28 juillet 2014 à Saint-Tropez dans le département du Var, localité connue certes pour sa citadelle du 16ème siècle mais également pour ces artistes qui, dans les années 1960, en ont fait leur station balnéaire préférée sous le soleil d'une série de films gendarmesques.

Cette fois les gendarmes de la ville sont occupés par une affaire criminelle. Une femme vivant aux Issambres, en bord de mer et à quelques kilomètres de Fréjus a été retrouvée par sa voisine dans une mare de sang, sur la terrasse de sa villa, poignardée à plusieurs reprises. Il est environ 08h00 lorsque les militaires découvrent la scène. Stéphane Audic, l'adjudant de la Section de

Recherche (SR) de Saint-Tropez, est surpris par la quantité de sang qui entoure la victime, Bernadette Benahim Cogis.

Elle est vêtue uniquement d'un peignoir de bains blanc laissant apparaître son sexe et sa poitrine. Deux plaies énormes, l'une devant, à la gorge, qui se finit derrière, ne laissant reposer la tête qu'avec les cervicales, l'autre au niveau de la bouche et qui se termine derrière. Le choc a sans doute été violent provoquant le déchaussement d'une dent qui sera retrouvée sous la victime. La vision de cette personne veuve, âgée de 67 ans, égorgée dans son jardin, est effroyable. La tête a été presque décapitée.

C'est Maria Rodrigues une amie de longue date qui prévient les gendarmes. Elle habite dans la même villa, dans un studio proche de celui de Bernadette. Pourtant la voisine n'a rien vu et n'a rien entendu. Les deux femmes ont passé une partie de la soirée précédente ensemble jusqu'à 21h00. C'est vers 07h00 du matin qu'elle a retrouvé son amie Bernadette, morte sur la terrasse. Veuve et sans enfants, Bernadette vivait seule depuis quelques mois, dans un quartier assez huppé et très tranquille. Les gendarmes passent la maison au peigne fin. Les bijoux et objets de valeurs sont toujours présents, aucune trace d'effraction, ce qui élimine immédiatement la piste du cambriolage. Les seules traces trouvées sont celles qui font penser à un piège, un traquenard tendu à Bernadette : les traces d'un départ de feu au niveau de la porte principale, un second au niveau du barbecue devant la fenêtre de la salle de bains. Des bouteilles remplies d'essence sont également découvertes à proximité. De l'autre côté, on trouve un arrosoir rempli lui-aussi d'un hydrocarbure au cas où la victime s'en serait servi pour éteindre l'incendie. Le but avéré était bien de faire sortir la victime de chez elle.

Pour les gendarmes la volonté de tuer ne fait aucun doute, reste maintenant à savoir qui et pourquoi ? L'autopsie révèle une scène de crime d'une rare violence. En plus des deux plaies au visage allant jusqu'à l'arrière de la tête, une autre plaie sur le thorax, d'environ 6 centimètres, a été causée par un objet qui a pénétré de 25 centimètres à l'intérieur du corps en coupant des côtes, perforé un poumon, le foie, et coupé l'artère aorte. Le nez est fracturé et la victime a perdu une dent. Aucune trace de défense n'est relevée, ce qui laisse à penser que Bernadette a été attaquée par surprise.

Le 30 juillet 2014, une information judiciaire est ouverte pour assassinat. Les gendarmes font appel à un expert en morphoanalyse, un spécialiste des taches de sang, qui grâce aux projections présentes sur les photos va tenter d'élaborer un scénario sur le déroulé du meurtre. Plusieurs éléments apparaissent : le corps n'a pas été déplacé, le crime a eu lieu sur place, l'agresseur se trouvait derrière sa victime. Bernadette était debout au moment de l'attaque et c'est en tombant au sol que cette dernière s'est fracturé le nez et a perdu une dent.

Les Techniciens en Investigations Criminelles (TIC) examinent la scène de crime. Ils récupèrent sur la zone du papier essuie-tout et un bouchon en plastique. Trop occupé à préparer son piège, le meurtrier a peut-être laissé son ADN. Pendant ce temps, les gendarmes convoquent les proches de Bernadette. Tous décrivent une femme joyeuse qui menait un train de vie aisée, très affectée par le décès de son époux Paul, un an plus tôt. Paul avait 20 ans de plus que Bernadette. Il était usé par le tabac fumait cigarette sur cigarette. Pour Bernadette, il était l'homme de sa vie et sa disparition a été très difficile.

Quand Paul est décédé, ses enfants nés d'un premier mariage ont hérité de sa maison. Bernadette a dû quitter la villa. C'est à ce moment-là qu'elle a emménagé en colocation, aux Issambres, avec Maria Rodrigues. Une maison agréable qui possède une petite piscine. Bernadette avait la main verte, elle aimait beaucoup faire pousser des fleurs et des légumes sous le soleil de la Côte d'Azur. Ses petits travaux étaient entrecoupés de parties de golf avec ses amis. Bernadette passait de nombreuses journées avec ses trois copines, pour jouer et se divertir. La bonne humeur était toujours au rendez-vous. Son défunt mari avait fait le nécessaire avant de décéder et Bernadette avait largement de quoi vivre, et même bien vivre, jusqu'à sa mort. Outre le fait d'être pétillante et toujours gaie, c'était aussi une jolie femme, en bonne santé, un véritable boute-en-train.

Bernadette Benahim Cogis, à 67 ans, savait aussi pimenter sa vie. Lorsqu'un homme lui plaisait, même avec une différence d'âge, elle savait se montrer libérée et assez coquine. De temps en temps, elle avait un amant. Elle savait se rendre coquette, avec beaucoup d'humour, ce qui semblait attirer les hommes. D'ailleurs l'examen de son téléphone portable par les enquêteurs fait état de plusieurs échanges de SMS à caractère sexuel avec plusieurs hommes. Bernadette n'hésitait pas à faire du « rentre-dedans » avec des employés qui venaient effectuer des tâches d'entretien à la villa. C'est sur cette piste que les gendarmes décident d'enquêter.

Parmi ses connaissances, un certain Hervé Robino : c'était son jardinier. Hervé a rencontré sa femme Pascale très jeune, le couple a eu deux filles. Hervé arrive dans la vie de Bernadette à un moment où cette dernière se trouvait très seule. L'homme est devenu le confident puis le jardinier. S'est liée entre eux une relation sentimentale très forte. Bernadette, à ses yeux, est une personne cultivée, très classe qui s'intéresse à lui, simple ouvrier. Maria raconte aux gendarmes que la liaison entre Bernadette et son jardinier a commencé à l'été 2013, qu'elle a duré presque un an et qu'elle était assez tumultueuse. Madame Rodrigues souligne que leur relation n'était pas tout à fait normale car elle associait employeur et employé. Hervé lui faisait souvent des remarques. Elle soupçonne le jardinier d'avoir physiquement frappé Bernadette.

D'autres témoins confirment qu'Hervé prenait de plus en plus de place dans la vie de la retraitée. La femme du jardinier travaillait également pour Bernadette. Les deux filles, Audrey et Roxanne, de 18 et 20 ans, connaissaient aussi les lieux. En fait toute la famille Robino profitait des largesses de Bernadette. Invitations aux restaurants, habits, chaussures et divers cadeaux. Les deux filles la considéraient un peu comme leur grand-mère. Elle était également présente à certains anniversaires. Bernadette ira même jusqu'à payer le permis de conduire à l'une des filles Robino.

Pascale, la femme d'Hervé, sort également avec Bernadette pour boire des cafés ou faire les boutiques. Ce ne sont plus vraiment des relations de travail entre les deux femmes. Maria raconte que Bernadette pouvait demander tout ce qu'elle voulait aux Robino, elle leur faisait une confiance totale. La famille accompagne également Bernadette Benahim Cogis en Suisse, pour récupérer de l'argent dans un coffre. C'est d'ailleurs au retour d'un de ces voyages, en mars 2014, que Pascale commence à soupçonner son mari d'avoir une relation avec la retraitée. Hervé prend de plus en plus soin de lui, il se parfume, met des chemises. Il s'achète des vêtements, ce qu'auparavant il ne faisait jamais.

Pascale veut en avoir le cœur net et vérifie le téléphone portable de son mari. C'est ainsi qu'elle découvre de nombreux messages à caractère sexuel échangés avec Bernadette. Le 8 juin 2014, devant le fait accompli, Hervé doit choisir entre sa famille et sa maîtresse. Il choisit sa famille. Pascale force Hervé à avouer à ses filles la relation adultère qu'il a entretenue avec Bernadette, en lisant devant elles les textos de son téléphone. La retraitée qui était une amie du couple devient alors la personne la plus détestée. Le soir même du crime, les gendarmes convoquent le couple Robino ainsi que les deux filles aînées en qualité de simples témoins. Il est 21h30, ce 28 juillet 2014.

La famille a l'air très décontracté, Roxanne Robino semble même totalement insensible au décès de madame Bénahim qu'elle connaissait bien. Hervé est interrogé sur son emploi du temps de la veille. Il précise qu'il était parti chercher sa fille Roxanne au restaurant de Roquebrune-sur-Argens où elle travaillait et dont le quartier des Issambres fait partie. Il est rentré vers 23h00, a pris ses cachets pour dormir jusqu'au matin, sans se réveiller. Il ne cache pas la relation qu'il a eue avec Bernadette qui l'a mis dans « de beaux draps », pour reprendre son expression. Il vit très mal l'aventure extraconjugale qu'il a eue avec cette femme et ressent comme une trahison l'attitude qu'il a eue envers sa famille. Il se fait suivre par un psychiatre et prend des antidépresseurs. Il avoue aussi avoir voulu attenter à sa vie.

Pascale de son côté, avoue également avoir travaillé pour madame Bénahim puis d'être devenue amie avec elle. Pascale a coupé aussi les ponts avec cette femme qui l'a trahie. Elle vit très mal cette situation, d'autant plus qu'elle a été plusieurs fois malade et a dû se battre contre un cancer. Le soir du crime, elle s'est couchée tôt pendant que les deux filles Audrey et Roxanne papotaient. Pascale apparaît très frêle depuis qu'elle a subi une opération du dos dernièrement, elle ne semble pas être capable, selon les enquêteurs, d'avoir porté les coups mortels à madame Bénahim.

Pour ce qui concerne Roxanne et Audrey, elles déclarent qu'elles sont loin d'être des sauvages, qu'elles étaient au courant de la situation et qu'elles en ont parlé entre elles. Pas de quoi en faire un drame. Pour l'emploi du temps, elles confirment celui donné par leur mère. Audrey est rentrée vers 01h00 du matin, sa sœur Roxanne était déjà présente et les deux sœurs ont discuté. Vers 03h00 du matin, Pascale se serait levée pour leur demander d'aller se coucher. Elles ont toutes les trois fumé une cigarette ensemble. Roxanne confirme, à un détail près. Pour elle c'est son père Hervé qui s'est levé pour les engueuler. A ce moment-là, les gendarmes commencent à avoir des doutes sur leurs déclarations. Puis à la fin de son témoignage, Roxanne fait un faux pas. L'un des gendarmes souligne qu'il est difficile pour une femme de 67 ans de mourir comme ça. Ce à quoi Roxanne répond : « Pourquoi ? Elle a été décapitée ? ».

Un mot de trop, car la consigne était claire, aucun détail sur le crime. La famille est relâchée mais placée tout de même sur écoute. L'examen des bornages téléphonique indique que le portable d'Hervé était bien dans sa chambre la nuit du crime, mais celui d'Audrey, la plus jeune des filles, était en train de faire des selfies dans la chambre de son père censé dormir. Pascale, la mère, qui déclare ne pas avoir bougé, a borné la veille au soir du crime à 20h20 et le lendemain matin à 07h43, aux Issambres. Elle a donc menti en indiquant qu'elle n'avait pas bougé de son domicile.

Le téléphone de Roxanne, l'aînée, était la veille du crime au domicile. Mais dans la nuit, il n'était plus localisable jusqu'à 11h00 le lendemain matin. Sur le téléphone d'Hervé, tous les messages et appels ont été effacés hormis deux messages vocaux qu'Hervé a conservés de Bernadette, du 11 juillet 2014, deux semaines avant sa mort : « Décidément, tu ne veux pas m'affronter, affronte-moi ! Vous êtes minables, petits, je vais regretter de vous avoir côtoyés ! ». Les enquêteurs vont partir à la recherche du mobile du crime, enquêter sur les mouvements de comptes des uns et des autres, inspecter celui de la victime, mais rien d'anormal n'est trouvé. Apparemment le mobile n'est pas pécuniaire.

Les gendarmes remarquent que le 11 juillet 2014, Bernadette a également appelé Pascale. Elle a téléphoné à sa rivale durant 11 minutes. Etonnés par la longueur de cet appel, les enquêteurs savent que durant ce temps, on peut se dire beaucoup de choses. La conversation a pu être reconstituée en partie car, juste après, Pascale a demandé des explications à Hervé par SMS. Les échanges ont été nombreux. Bernadette avait détaillé leurs pratiques sexuelles dans les moindres détails, ce qui a sans doute provoqué une jalousie chez Pascale qui comprend qu'il ne s'agissait pas d'une petite entaille dans leur couple mais d'une réelle liaison. Une fois de plus, l'épouse trahie prendra ses filles à témoins et forcera Hervé à raconter tout dans les moindres détails. Aucune accalmie, alors que Bernadette Benahim Cogis continue de contacter Hervé pour faire reprendre leur relation.

Pascale inflige à son mari de nombreuses tortures physiques et psychologiques, l'obligeant à s'épiler, tantôt à se raser le crâne, d'autre fois à le faire changer de couleur de cheveux. Elle lui brûle également les vêtements qu'il avait achetés pour faire le beau. Hervé ne répond pas et accepte les châtiments infligés comme pour expier sa faute. Il n'a plus sa place à table, n'est plus autorisé à parler. Il vit un effroyable enfer. Même ses filles

Audrey et Roxanne participent aux tortures infligées par leur mère à leur père. Les deux filles vont être véritablement impitoyables. Et pourtant Hervé, rongé par la culpabilité, ne répond pas.

Il comprend que ses appels sont dévastateurs pour sa famille, mais estime que les punitions sont trop fortes pour son aventure. Pascale ne le lâche pas, tout comme Bernadette qui le harcèle au téléphone jusqu'à réclamer les cadeaux qu'elle leur a faits. La retraitée passe même devant la maison des Robino en klaxonnant, se rend au restaurant où travaille Roxanne. La pression est sans cesse présente. Et si Bernadette disparaissait ? Voilà ce qui pourrait calmer l'obsession de Pascale et des filles. C'est la seule solution pour que la famille reparte du bon pied. Les échanges entre Hervé et Pascale sont sans équivoque : « Je veux qu'elle crève ! », « Je hais cette salope ! ». Chacun remonte sa haine jour après jour.

En plus des époux qu'ils soupçonnent, les gendarmes ont dans leur ligne de mire les filles Robino. Et ce, depuis que Maria a raconté aux enquêteurs une scène qui s'est déroulée quinze jours avant le crime. Chez elle avec des amis, Maria entend le téléphone qui sonne. Elle décroche en actionnant le haut-parleur, ce qu'elle fait souvent pour mieux entendre son interlocuteur. Il s'agit de sa voisine, Bernadette Benahim Cogis, avec en bruit de fond une autre voix plus jeune qui déclare : « Laisse notre père tranquille ou alors on te fait la peau ! ». Maria insiste auprès des gendarmes pour préciser que ces menaces ne peuvent venir que de l'une des filles Robino.

Quelques semaines auparavant, la voiture de Bernadette avait été vandalisée. Cette dernière a porté plainte. Les investigations vont déterminer que c'est le portable de Roxanne Robino qui bornait à proximité. Juste après, cette dernière a changé de ligne. Le bornage est également renforcé par le témoignage d'une amie qui avait accepté d'emmener Roxanne sur les lieux. Elle précise même que, ce jour-là, la jeune femme de 20 ans était avec son enfant âgé d'un an qu'elle élève seule entre son appartement de Roquebrune-sur-Argens et le domicile de ses parents.

Les amis de Roxanne déclarent que ces derniers jours, la jeune femme n'avait qu'une obsession : Bernadette. Elle voulait la dénoncer au fisc, mettre de l'acide dans la piscine, bref lui pourrir la vie. Ces amis déclarent également que Roxanne ment beaucoup, elle fabule aussi sur sa vie comme si elle avait tout vu, tout appris, tout vécu. La jeune femme aimait attirer l'attention sur elle. Elle voulait, à chaque conversation, être le centre de la terre et tout monopoliser. La jeune femme s'impliquait à fond dans une histoire qui normalement ne regardait que ses parents. La trahison de son père était aussi son combat. Reste maintenant pour les gendarmes à savoir jusqu'à quel point elle est allée. Quelques jours après le crime, une rumeur commence à courir à Roquebrune-sur-Argens. C'est Roxanne et son père qui auraient réglé ensemble le compte à Bernadette.

Les gendarmes dans leurs demandes d'analyses génétiques reçoivent les résultats : deux ADN, un masculin et un féminin, ont été décelés sur le bouchon retrouvé sur les lieux du meurtre et sur le papier essuie-tout qui appartiennent au couple Robino. Sur l'arrosoir qui contenait l'essence, c'est l'ADN de Roxanne qui est retrouvé. Ne reste plus aux enquêteurs qu'à savoir qui a fait quoi. Ils décident donc de commencer à mettre la pression sur la famille Robino dont les membres sont placés en garde à vue le 20 janvier 2015. Le premier à se défendre avec une certaine virulence est Hervé Robino, qui précise qu'il a dormi toute la nuit et que personne n'a quitté la maison.

Pascale et les filles tiennent bon également. Elles n'ont pas bougé de la maison cette nuit-là. Roxanne apparaît comme désinvolte durant les premières heures de garde à vue. Les gendarmes abattent leurs cartes : les voitures vandalisées, les menaces faites à Bernadette, mais Roxanne ne se démonte pas. Elle déclare qu'effectivement elle s'était rendue sur place mais qu'avant elle une autre personne avait commis les dégradations. Pour les menaces téléphoniques, elle déclare que ce n'était sans doute pas elle qui parlait. Les enquêteurs sont persuadés qu'elle se fout d'eux. Toutefois ils ne s'inquiètent pas, ils ont encore des éléments en réserve. Après une première nuit en cellule, les gendarmes décident de réinterroger la plus jeune des filles, Audrey. Devant les selfies réalisés la nuit du meurtre qui lui sont présentés, elle ne peut pas dire que son père était présent. La jeune fille est incapable de se justifier. Il est 09h00 du matin le 21 janvier 2015, lorsqu'elle avoue tout.

Le 28 juillet 2014, elle est rentrée chez elle à 01h00 du matin, elle a traîné un peu avant d'aller se coucher et a entendu un bruit dans la nuit. Descendant de sa chambre, elle voit ses parents et sa sœur Roxanne habillés de noir occupé à discuter dans le salon. Elle comprend qu'ils ont décidé de se rendre chez Bernadette. Audrey précise que c'est son père qui lui demande de réaliser des selfies avec son téléphone pour que la cadette ait un alibi. Ce qui est le plus troublant c'est que, pendant ce temps, il trouve normal d'emmener son aînée sur une scène de crime.

Une heure plus tard, le trio revient et Hervé Robino répète en boucle : « Ça a merdé, ça a merdé ! ». Audrey constate que son père porte des traces rougeâtres au niveau des genoux, Hervé va se doucher et se changer, suivi après de Roxanne. Ils mettent tout dans un sac plastique avec le couteau cranté qui a servi à assassiner Bernadette, un couteau qu'Audrey dessine aux gendarmes. Les Robino reviennent ensuite au domicile, un conseil de famille est organisé. Audrey raconte la version donnée par son père. Ils ont mis le feu à chaque extrémité de la maison pour faire sortir Bernadette. Toutefois, ils n'avaient pas prévu que la retraitée sortirait par la baie vitrée, se trouvant nez à nez avec Hervé qui, à cet instant, n'a pas eu d'autre choix que de l'égorger. Elle précise que sa sœur Roxanne aurait planté un ultime coup de couteau dans le buste de la victime.

Hervé a donc demandé à toute la famille de s'en tenir à la seule version qu'il a choisie pour cette nuit-là : personne n'est sorti de la maison. Et cela quelles que soient les éventuelles pressions que pourraient utiliser les enquêteurs. Après les premiers aveux d'Audrey, cela va devenir beaucoup plus difficile pour Hervé, Pascale et Roxanne. Dans un premier temps, Hervé essaie de minimiser les faits en parlant d'une ombre qu'il aurait plantée sans savoir vraiment à qui il avait à faire. Il dédouane sa famille mais refuse de signer ses aveux, avant de faire un malaise.

Pendant qu'Hervé s'est confié aux gendarmes, sa fille aînée Roxanne a passé aussi des aveux. Le pacte de silence des Robino a explosé. La version de cette dernière diffère sensiblement de celle d'Audrey. Ce soir-là, elle accompagne son père. Il s'agissait de faire peur à Bernadette. Elle ignore que ce dernier a un couteau. Hervé allume le premier feu et tandis que Roxanne essaie d'allumer le sien de son côté, elle entend un bruit sourd. Elle rejoint son père qui lui fait signe de garder le silence. Ils entendent tous les deux des bruits de chaussons. Roxanne voit son père sortir de sa cachette et attraper Bernadette par l'arrière pour lui trancher la gorge. Prêts à partir, et selon les déclarations de Roxanne, son père constate que sa victime bouge toujours et lui assène un dernier coup de couteau avant de quitter les lieux.

Roxanne déclare que sur le trajet du retour, elle n'a fait que pleurer, vomir, traumatisée par ce qu'elle avait vu. Là aussi, la fin de l'audition tourne presque au malaise. Reste le rôle de la mère que les gendarmes ont un peu de mal à comprendre. Pascale, se présentant comme une victime, a du mal à parler et se recroqueville sur elle-même. Après les aveux de son mari et de ses filles, elle n'apporte aucune assistance, elle n'a entendu personne sortir. C'est à leur retour qu'elle a appris la mort de Bernadette. Le 22 septembre 2015, Hervé et Roxanne Robino sont mis en examen pour assassinat et Pascale pour complicité d'assassinat. Au juge désormais d'essayer de comprendre le fonctionnement de cette famille.

Des filles soudées autour d'une mère à la santé fragile, décidées à ramener un père dans le droit chemin, c'est ça le clan Robino. Une énergie et une connivence qui expliquent comment toute la famille s'est impliquée dans l'affaire Bernadette. Le juge d'instruction va donc passer un à un chaque élément de ce drame familial. Hervé Robino n'a pas connu son père, il a été élevé par sa mère et son beau-père. Il décrit sa mère comme peu affectueuse. Il déclare avoir manqué d'amour et de tendresse. Pascale a grandi dans une fratrie de six enfants issus de trois pères différents. Là aussi existait une carence affective avec sa mère qui incitait ses enfants à voler. Elle commence alors sa vraie vie lorsqu'elle rencontre Hervé.

Malgré ses problèmes de santé, Pascale apparaît comme une femme très forte psychologiquement. Elle est considérée comme l'arbre central de la famille. Elle décrit son mari Hervé comme un homme aimant et attentionné. C'est un couple où les deux partenaires se réparent mutuellement des souffrances de l'enfance. Ils matérialisent un ménage qui doit fonctionner coûte que coûte. Pendant 23 ans, Hervé a tout fait pour garder l'harmonie de ce couple exclusif jusqu'à s'oublier lui-même. C'est sans doute auprès de Bernadette qu'il a trouvé ce semblant de liberté et de tendresse qui lui manquait, auprès d'une femme qu'il considère comme fragile.

C'est Bernadette qui approche Hervé la première pour le séduire. Avec elle, l'homme va découvrir certaines pratiques sexuelles qu'il n'avait jamais connues. En plus de s'ouvrir à de nouveaux plaisirs, il tombe amoureux de la jeune retraitée. Mais dans cette famille fusionnelle, l'adultère n'avait pas sa place et Hervé n'a pas su gérer la situation lorsque le clan en a eu connaissance. Bernadette devient l'élément perturbateur qui est venu détruire cette famille. La haine et la rancœur vont monter crescendo. Pascale Robino est la première qui réagit à cette trahison, qui devient aussi celle de ses filles. Le problème n'en finit pas de grandir. Roxanne et Audrey vont se transformer en détectives pour trouver le moindre indice sur l'infidélité de leur père et ainsi tenter de sauver l'harmonie du clan et la santé de leur mère.

Roxanne s'est investie plus que sa sœur Audrey dans cette affaire. Il faut dire qu'elle avait une relation particulière avec ses parents. En tant qu'aînée elle estime qu'il est de son devoir d'aider sa mère malade et partiellement affaiblie. Elle s'occupe des courses, d'une partie des tâches ménagères et veille de temps à autre sur sa sœur Audrey. Elle n'hésite pas non plus à se rapprocher de son père, l'aider dans son travail, car elle pense que c'est ce qu'on attend d'elle. Les experts psychiatres qui l'ont examinée déclarent que c'est une personne qui a mal géré son complexe d'Œdipe. Le juge d'instruction en sait un peu plus sur la famille, mais toujours pas le rôle de chacun. Le 3 avril 2015, c'est Roxanne qui ouvre le bal dans le bureau du magistrat.

Elle risque gros depuis le témoignage accablant de sa sœur, une déclaration corroborée par les interrogatoires menés auprès de ses petits copains. Roxanne a trop parlé, surtout avec l'un d'eux à qui elle a indiqué que Bernadette était morte et qu'elle l'avait finie au couteau. Devant le juge d'instruction Roxanne prend conscience de la gravité des faits et surtout du devenir de son enfant. Pourtant, elle continue de nier avoir porté le coup de couteau. Elle en veut énormément à son père qu'elle déclare responsable de toute cette histoire. Pascale, sa mère, ne vient pas à son secours, continuant de son côté à se défendre d'une complicité d'assassinat.

Pascale continue sur la ligne de défense, prétextant ne plus se souvenir du fait d'avoir pris des cachets et disant ne s'être réveillée qu'au retour d'Hervé et Roxanne. Le 9 avril 2015, c'est le tour d'Hervé. Il se montre plus loquace, mais fond en larmes lorsqu'il évoque la nuit du 28 juillet 2014. Il déclare qu'après de nombreux SMS échangés avec son épouse alors qu'ils étaient tous les deux au domicile, Hervé a décidé d'aller chez Bernadette avec un long couteau d'environ 20 centimètres présent dans la buanderie. Il emmène Roxanne avec lui pour, selon ses dires, « ne pas se faire embrouiller » par Bernadette. Il ne se souvient pas du nombre de coups de couteau qu'il a donnés, juste le regard de panique de sa fille.

Hervé Robino raconte ensuite qu'il a repris son véhicule, s'est débarrassé du couteau en chemin dans une rivière. Il rentre ensuite chez lui avec sa fille Roxanne et confirme qu'effectivement un conseil de famille a lieu, afin que tout le monde ne s'en tienne qu'à une seule version sur le déroulé des faits. A l'entendre, c'est lui qui a frappé seul. Le juge d'instruction est persuadé qu'il cherche à protéger sa fille. Alors, le 19 janvier 2016, le magistrat organise une confrontation entre les mis en examen et la sœur la plus jeune, le maillon faible. Audrey maintient ses déclarations et notamment le coup de couteau porté au flanc de Bernadette par sa sœur Roxanne.

Hervé, Pascale et Roxanne seront donc jugés tous les trois devant la cour d'assises de Draguignan, le 19 mars 2018. Pascale, la mère, n'a pas fait un seul jour de prison. Mise en examen pour complicité d'assassinat, elle comparait libre. Pascale ne soutient ni son mari, contre lequel elle a préparé un dossier accusateur, ni sa fille. Hervé est furieux contre son épouse, il a appris qu'elle a fait une demande de divorce sur des accusations lourdes et selon lui fausses. Notamment des accusations de viols sur ses filles. Elle a été très loin pour se positionner comme une victime. Une accusation qu'Hervé combat avec fureur. L'enquête est en cours mais le mal est fait. L'ombre est jetée sur le père de famille qui va en profiter pour contre-attaquer.

Hervé Robino déclare au président du tribunal qu'il se sent bien seul dans le box et que son épouse, libre depuis trois ans et demi, devrait l'accompagner. Cependant, il soutient toujours sa fille en affirmant qu'il est le seul auteur des coups et charge désormais Pascale. Hervé déclare que c'est sur ordre de son épouse qu'il a commis l'assassinat, que son épouse a insisté pour que

Roxanne l'accompagne afin qu'il ne se défile pas devant la tâche à accomplir. Il se lâche avec une certaine conviction et avoue que le crime était bien prémédité. L'enjeu pour Roxanne est important car de l'issue du procès va dépendre la date à laquelle elle pourra revoir son fils. Elle déclare alors que sa mère ment, c'est bien elle qui a poussé son père à commettre l'assassinat.

Déjà mise en cause par son mari, voilà Pascale dos au mur. Cette fois, non pas comme complice mais comme instigatrice de cette équipée macabre. Le président du tribunal somme Pascale de s'expliquer sur les faits. Une peine perdue, la femme répond ne plus se souvenir, qu'elle avait pris des cachets. À chaque question posée, la réponse ne correspond pas. Pascale répond systématiquement à côté des demandes de l'avocate générale Stéphanie Felix et de l'avocat de la partie civile, Bernard Sivan. A chaque suspension de séance lorsque Pascale sort affaiblie, pour fumer, elle est de nouveau en forme. Elle ne prête pas attention au fait que les jurés aussi sortent pour profiter des pauses ordonnées par la cour. Une fois rentrée, Pascale Robino se montre à nouveau en mauvaise santé et affaiblie.

Le lendemain c'est Audrey, âgée maintenant de 22 ans, qui témoigne à la barre. C'est elle la première qui avait raconté les faits lors de la garde à vue. Son témoignage est aussi attendu que redouté. Elle déclare alors qu'elle pense que sa sœur n'a rien fait. La cadette a retourné sa veste et défend sa sœur, après le père qui l'avait déjà innocentée. La seule différence est qu'elle désigne son père comme étant le seul coupable, sa mère n'a jamais rien demandé. Malgré ce témoignage, Pascale est toujours en mauvaise posture étant donné son attitude fuyante qui déplait beaucoup à la cour.

Au 5ème jour du procès, l'avocate générale Stéphanie Felix dans son réquisitoire, demande 30 ans de réclusion criminelle pour Hervé Robino, 15 ans pour son épouse et 10 ans pour Roxanne. Pour les avocats d'Hervé Robino, Muriel Gestas, de Pascale Robino, Gaël Gangloff, et Coline Martin pour Roxanne Robino, la tâche s'avère très compliquée. Le 23 mars 2018, dans la soirée, la cour d'assises rend son verdict : Hervé Robino est condamné à 20 ans de prison pour assassinat, Pascale à 10 ans pour complicité d'assassinat, peine qui a tenu compte de son discernement au moment des faits. Arrivée libre au procès, elle reçoit la sentence comme un coup de massue. Roxanne écope de 7 ans. En détention depuis 4 ans elle est bientôt libérable. Pascale Robino fait appel ainsi que le parquet général. Retour de toute la famille Robino, le 21 octobre 2019, devant la cour d'assises d'Aix en Provence. Le 28 octobre 2019, la cour d'assises condamne de nouveau Hervé Robino à 20 ans de prison mais se montre plus dure pour Pascale Robino, 16 ans, et Roxanne voit sa peine doublée, elle écope de 14 ans de prison...

2015 – Taha MRANI ALAOUI & Zakariya BANOUNI

Nous sommes le 3 août 2015 à Toulouse au sud-ouest de la France, dans le département de la Haute-Garonne. Au cœur du quartier Arnaud-Bernard, se trouve la rue Jean-Baptiste Merly, une voie publique de la ville. C'est là que vit Eva Bourseau, au numéro 38, une jeune étudiante de 23 ans qui a quitté le domicile parental pour faire ses études à Toulouse.

C'est l'été, les jeunes étudiants sortent beaucoup, soit entre eux ou pour aller voir leurs familles. Pourtant les proches d'Eva sont sans nouvelles depuis une semaine de la jeune fille. Tout le monde est d'accord pour dire que ceci est inhabituel. Des amies d'Eva passent chez elle, sonnent à la porte et n'obtiennent aucune réponse. L'une d'elles décide de téléphoner à la mère d'Eva qui, de son côté, est également inquiète de ne pas avoir de nouvelles.

La mère d'Eva et une amie décident de se rendre sur place pour en savoir un peu plus. Elles sonnent à la porte par l'interphone et, une fois de plus, n'obtiennent aucune réponse. Les deux femmes décident d'appeler les pompiers. Il est 21h00 lorsque les secours arrivent, montent jusqu'au 3ème étage et défoncent la porte. Dans l'appartement ils trouvent un salon en désordre et remarquent une porte au fond calfeutrée par du scotch et un boudin de tissu, roulé contre le bas du vantail. Une fois la porte ouverte ils accèdent à la chambre au milieu de laquelle se trouve une malle.

Aucune trace d'Eva. L'un des pompiers soulève le couvercle de la malle et découvre un corps humain en décomposition. Il est sur le point de faire un malaise. Les pompiers préviennent la police immédiatement qui arrive rapidement sur les lieux. Les hommes de la Police Judiciaire (PJ) pénètrent dans l'appartement en prenant le maximum de précautions, afin de garantir le recueil d'éventuels indices. Ce qui les interpelle, c'est la présence de 12 sacs poubelle remplis, un fauteuil éventré, un seau avec une serpillière. La pièce a été sans doute calfeutrée pour éviter la propagation des odeurs. Des bombes d'insecticides et de déodorants sont également présentes, pratiquement vides, toujours pour éviter les odeurs et la prolifération des insectes. Le parquet ouvre immédiatement une information judiciaire et prend contact avec le magistrat de permanence.

Anthony Blanc, le médecin légiste, arrive sur place. Il est accueilli par le procureur qui lui signale que la mère, madame Bourseau, se trouve dans un véhicule de police en état de choc. Elle pense que le corps est celui de sa fille, mais voudrait en être sûre. Elle donne au médecin quelques signes particuliers que possédait sa fille comme des tatouages, dont elle indique les emplacements, et des piercings. Le médecin identifie l'un des tatouages et prévient le procureur qu'il y a une forte probabilité sur l'identité de la victime, Eva Bourseau.

A côté des 12 sacs poubelles qui contiennent des déchets appartenant au corps d'Eva se trouve également des bidons d'acide chlorhydrique. Pour le moment il est impossible de déterminer si le corps a été plongé dans ce liquide même s'il y a une forte probabilité. Le médecin légiste en se saisissant d'un sac découvre un élément métallique. Il s'agit d'un pied de biche. Selon lui ce serait l'arme du crime. Le ou les agresseurs ont soigneusement nettoyé les pièces mais le « bluestar » révèle tout de même des traces importantes de sang, surtout dans la pièce principale. Ce qui confirme la mort violente d'Eva Bourseau. Les enquêteurs commencent, comme c'est souvent le cas, par une enquête de voisinage. Une voisine vivant à l'étage au-dessous, se souvient avoir entendu des cris de la jeune femme : « Arrêtez-vous ! Arrêtez-vous ! », puis plus rien. Ensuite, deux hommes qu'elle n'a pu identifier sont sortis en courant.

Les policiers de la Police Technique et Scientifique (PTS) procèdent aux relevés des empreintes digitales et génétiques. L'enquête s'oriente ensuite vers les habitudes et fréquentations d'Eva, afin de comprendre et peut-être de pouvoir identifier de possibles suspects. De nombreuses personnes sont auditionnées, famille et amis, pour connaître un peu mieux la vie de la jeune fille. Eva était une personne qui aimait s'amuser, un fort caractère, un certain charme qui ne laissait pas indifférent son entourage ou les personnes, lorsqu'elle entrait dans une pièce.

Elle aime sortir et a beaucoup d'amis. Sa passion pour la lecture et les films en font une personne cultivée et curieuse. Eva Bourseau est passionnée par l'histoire de l'art mais également par le Japon dont elle a appris la langue. Les hommes de la scientifique emmènent entièrement la malle pour pouvoir l'analyser au laboratoire, ce qui confirmera l'utilisation de l'acide chlorhydrique. Le médecin légiste aidé d'un de ses collègues découvre dans la salle d'autopsie le réel pouvoir de l'acide. Plusieurs parties du corps sont manquantes, il n'y a pratiquement plus d'organe à analyser. Une fracture au niveau du nez est découverte, derrière la nuque et sous les côtes, consécutives à l'agression, probablement avec le pied-de-biche, mais rien n'est certain. Car, là aussi, d'importantes surfaces de peau ont été rongées par l'acide.

De même il est impossible aux légistes de préciser si la victime a été agressée sexuellement même si aucun lambeau de sous-vêtement n'a été retrouvé dans la malle. L'acide n'a pas la capacité de détruire complétement les pièces de tissus. Pour preuve, des restes d'un débardeur y sont retrouvés.

Le mois d'août, à Toulouse comme ailleurs, est relativement calme en ce qui concerne l'actualité. Lorsque l'info de la découverte d'un corps rongé par l'acide dans une malle est connue, les médias s'emballent. Les gros titres commencent à sortir : « Horrible meurtre d'une étudiante à Toulouse ». Dans les rues et les commerces tout le monde ne parle que de cette affaire. La jeunesse de la jeune fille fait écho aux jeunes étudiantes toulousaines qui lui ressemblent.

L'opinion publique est doublement choquée, non seulement par le crime en lui-même, mais aussi de la manière dont son auteur a tenté de se débarrasser du corps, poussant l'horreur à ne même pas respecter le minimum, le respect d'un corps. Le meurtre fait penser à un épisode de la série « Breaking Bad » où des dealeurs tentent de détruire un corps en le plongeant dans une baignoire d'acide. La loi a prévu par son article 225-17 du code pénal une sanction pour ce type d'acte assimilé à de la barbarie : « Toute atteinte à l'intégrité du cadavre, par quelque moyen que ce soit, est punie d'un an d'emprisonnement et de 15 000 euros d'amende [...]. Les premières investigations ne donnent rien jusqu'à ce qu'un jeune homme se présente au commissariat.

Le 5 août 2015, ce personnage se présente au commissariat central de Toulouse durant la pause méridienne. Il précise qu'il a des informations sur l'affaire Eva Bourseau. Il s'appelle Taha Mrani Alaoui et raconte aux enquêteurs qu'il a un ami Zakariya Banouni qui l'a appelé à l'aide, le 26 juillet 2015, précisant qu'il a fait de la « merde » en voulant nettoyer une scène de crime. Taha y est allé. Une fois sur place, il découvre le corps de la jeune fille au sol. Taha réfléchit durant plusieurs jours et déclare qu'il a une idée pour se débarrasser du corps dans de l'acide chlorhydrique, s'inspirant de la célèbre série « Breaking Bad ».

Le but était de faire croire à tout le monde qu'Eva avait disparue. Placé en garde à vue, il est longuement interrogé par les enquêteurs qui relèvent des contradictions et des incohérences dans le scénario que Taha vient de leur livrer. Mrani Alaoui essaie de minimiser la portée de ses actes. Après une perquisition à son domicile, plusieurs objets qui appartenaient à Eva sont saisis. Le vidéoprojecteur, l'ordinateur, ainsi que 7 téléphones portables qui appartenaient tous à Eva, correspondant aux déclarations de ses amis et contenant des photos où les appareils apparaissent aux mains de la victime. Les enquêteurs retrouvent également des produits stupéfiants et du matériel de conditionnement. Au fur et à mesure de la perquisition, le discours de Taha change. Il avoue qu'il était présent lors du crime mais tente toujours de minimiser son action.

Taha décrit son ami Zakariya comme l'auteur principal des coups. Il précise également que ce dernier l'a encouragé à donner des coups de pied-de-biche à la victime. Il s'est exécuté « mollement ». Taha décrit ensuite une scène de strangulation d'une longueur de 10 minutes qui relève plus du fantasme et de l'affabulation. Les policiers sont persuadés, une fois de plus, que ce mensonge est inventé pour accabler davantage Zakariya. Le procès-verbal enregistré, les policiers vont interpeller Zakariya Banouni pour le placer aussi en garde à vue.

C'est l'avocat Jonathan Bomstain qui intervient le premier pour Zakariya Banouni dans le cadre de l'enquête préliminaire. Le jeune homme apparaît épuisé et en situation de manque. Sa consommation de stupéfiants remonte sans doute à plusieurs jours. Le visage blafard sur un corps maigre, il commence à parler assez librement, vue la situation et les présomptions de charges retenues contre lui. Il raconte ainsi les conditions dans lesquelles le crime a eu lieu. La seule différence dans cette histoire, ce sont les versions données par les deux hommes. Taha charge Zakariya, le désignant comme l'élément moteur dans le meurtre d'Eva. De son côté, Zakariya ne charge pas Taha se basant sur le fait qu'ils l'ont fait à deux avec les mêmes responsabilités.

Taha Mrani est un jeune garçon d'origine marocaine qui a choisi de faire ses études supérieures en France. Il ne fait pas penser à un voyou, il a une attitude calme. Quelques semaines avant le drame, c'est Eva qui l'a présenté à ses amis. Eva parle de lui comme d'un ami, gentil et agréable. C'est un garçon qui parle bien, avec une certaine intelligence. Il a été admis à l'École Nationale Supérieure d'Electrotechnique, d'Electronique, d'Informatique, d'Hydraulique et des Télécommunications (ENSEEIHT) plus souvent appelée « N7 », située à Toulouse.

Taha réussit tous les examens à l'écrit mais échoue souvent à l'oral, ce qui le fait douter de ses capacités à poursuivre des grandes études. Au travers d'une association étudiante, il fait la connaissance de Zakaria Banouni âgé de 18 ans. Ce dernier a obtenu son baccalauréat à l'âge de 16 ans. Le contact passe bien. Zakaria est particulièrement doué avec les sciences. Il remportera d'ailleurs un concours sur l'élaboration d'une main électronique censée faciliter la vie des personnes aveugles. Il intègre une préparation en Mathématiques Supérieures et Applications scientifiques, mais le jeune homme s'aperçoit que ce cursus est bien trop lourd pour lui. La pression est bien trop importante, il a beaucoup de mal à la gérer. Marqué aussi par le suicide d'un de ses amis, il intègre alors la faculté de mathématiques de Toulouse mais n'est pas un étudiant assidu.

La situation d'amitié entre les deux jeunes hommes évolue vers une relation de business. Zakariya initie Taha au commerce de la drogue, ils passent du temps ensemble dans un petit appartement qui ne contient que très peu de meubles mais énormément de drogues en tout genre, aussi bien des drogues réputées « dures », héroïne, cocaïne que des drogues « douces » comme le hashish et l'ecstasy. C'est dans ce lieu qu'ils reçoivent leurs « clients » qui viennent acheter. Au fur et à mesure de leurs interrogatoires, Zakariya va inclure dans le duo la complicité d'un troisième homme, un certain Guillaume surnommé « Le chinois ».

Taha Mrani, à son tour, parle du fameux Guillaume comme étant le commanditaire du meurtre. Il s'agit d'un fournisseur qui alimentait également Eva. Cette dernière lui aurait acheté, à crédit, une grosse quantité de drogues. La dette s'élèverait à environ 6 000 euros. Selon lui, la seule raison pour laquelle Zakariya s'est rendu au domicile d'Eva est venue de la pression de Guillaume et afin de se saisir de plusieurs objets de valeur pouvant être revendus, afin d'éponger la dette. De son côté, Zakariya confirme la version de son ami Taha et présente « Le chinois » comme un dealer assez violent et surtout le commanditaire du meurtre d'Eva. Les policiers décident d'interpeller immédiatement Guillaume dit « Le chinois ». S'en suit une perquisition dans la foulée.

Lors de la fouille, du matériel de conditionnement de stupéfiants, ainsi que des faux papiers et une somme importante en billets, sont saisis. Ce qui fait interroger les policiers sur le rôle réel de ce « chinois ». L'enquête va permettre d'établir que Guillaume, surnommé ainsi à cause de ses origines asiatiques, a été adopté par une famille aisée toulousaine. Guillaume a développé un trafic d'achat de drogues sur le darknet et revend ses achats moyennant une commission à ses trois dealers, Eva, Taha et Zekariya. Guillaume est surtout un commerçant qui présente également le profil d'une personne pouvant se fâcher si une créance ne rentre pas en temps et en heure.

Lorsque Guillaume est interrogé sur les faits reprochés, il avoue être un dealer et connaître aussi les trois personnes, mais considère surtout Eva comme une amie. Il lui arrive souvent de prendre de ses nouvelles. En ce qui concerne la dette, Guillaume parle d'une somme de 1 000 euros qui n'était pas inhabituelle dans ce genre de trafic. La marchandise était avancée et les dealers remboursaient cette avance par leur vente, touchant au passage leur commission. Guillaume dénonce la version avancée par Taha et Zakariya. Ce qui se vérifie en partie dans les investigations menées par les enquêteurs, plus enclins à croire les déclarations de Guillaume, qui ajoute que c'est Zakaria qui avait une dette bien plus importante à son égard.

La difficulté dans cette enquête c'est l'état dans lequel le corps d'Eva Bourseau a été retrouvé et qui ne permet pas, précisément, de situer la date du décès. Les enquêteurs décident alors d'utiliser les données de téléphonie, en particulier les messages et appels échangés entre Eva, Taha et Zakaria. Ils découvrent également un message envoyé par Eva à l'un de ses amis, le 26 juillet 2015, tard dans la nuit. Elle lui parle d'une visite tardive, non prévue, de Taha accompagné d'un certain Zakaria et qu'elle n'avait pas précisément l'intention de passer une soirée avec eux. D'ailleurs, l'un d'eux lui faisait peur. La dernière preuve de vie d'Eva est un SMS envoyé à Zakaria pour lui donner son numéro de portable.

La téléphonie démontre également que dans la journée du 27 juillet 2015, Guillaume a cherché à envoyer plusieurs SMS à Eva qui sont restés sans réponse. Il est inquiet, la jeune femme faisait partie de ses relations amicales privilégiées. Les policiers émettent deux hypothèses, soit il a envoyé ces SMS dans le but de se créer un alibi soit il ignore qu'Eva est déjà morte. A l'issue des gardes à vue, les trois hommes sont présentés à deux juges d'instruction qui les mettent en examen, Taha Mrani et Zakariya Banouni pour assassinat, c'est-à-dire un crime avec préméditation, et Guillaume pour complicité d'assassinat. De nouvelles révélations vont venir modifier le déroulé des faits. Lors de l'instruction une confrontation entre les trois hommes a lieu. C'est au cours de celle-ci que Taha avoue que Guillaume n'a rien à voir dans cette affaire n'étant pas présent au moment des faits. Myriam Viargues et Florence Bru, les deux magistrats qui instruisent l'affaire, décident de remettre en liberté Guillaume au début du mois de janvier 2016.

Reste à savoir, désormais, qui a porté les coups mortels à la jeune Eva. Afin d'y voir plus clair, une reconstitution est organisée le 16 octobre 2016, sur les lieux de l'assassinat. L'opération est compliquée car l'appartement est assez petit, les accès étroits pour accueillir les policiers, les juges et greffiers, les membres de la police scientifiques, les accusés et leurs avocats. Edouard Martial, l'avocat de Taha Mrani Alaoui, s'entretient un peu avant avec son client pour lui rappeler que l'enjeu est important pour déterminer l'auteur des coups mortels. Ce dernier répond à son conseil qu'il a l'intention lors de cette reconstitution, de tout dire.

Les deux accusés acceptent de jouer leur propre rôle en mimant les gestes qu'ils ont effectués ce jour-là. A l'issue d'une première visite, Zakariya sonne de nouveau à la porte. C'est Eva qui lui ouvre, il commence à lui asséner plusieurs coups. Taha prend la parole à son tour pour déclarer que c'est lui qui a porté les coups mortels au visage à l'aide d'un pied-de-biche et qui a continué de frapper, alors qu'elle était au sol.

Les deux hommes avouent qu'à ce moment-là ils étaient tous les deux d'accord pour lui dérober de la drogue ou des objets présents chez elle, ainsi que de l'argent. Taha trouve une boite rouge contenant des billets. Il se met accroupi à côté du corps d'Eva agonisant, pour compter l'argent. Il récupère ainsi 1 000 euros et des cachets d'Ecstasy. Avec cet argent Taha se rend chez le propriétaire de son logement pour régler son arriéré de loyer. Il en profite également pour régler les dettes qu'il a chez Guillaume « Le chinois ».

Le 10 décembre 2018, le procès s'ouvre devant la cour d'assises de la Haute-Garonne à Toulouse. De nombreuses personnes sont présentes et veulent savoir comment des étudiants, au début brillants, se transforment en meurtriers. Même si les accusés font preuve de bonne volonté pour avouer leur méfait, les médecins légistes précisent qu'il manque des éléments que ces derniers n'ont jamais pu expliquer, comme la supposée asphyxie du corps. Il est possible que l'agonie d'Eva ait duré beaucoup plus longtemps que les accusés l'ont racontée. Dans le cadre de l'instruction, des analyses toxicologiques ont été réalisées pour établir leur degré de consommation de stupéfiants au moment des faits. Ces résultats se sont révélés moins importants que ceux auxquels on aurait pu s'attendre et aux déclarations faites par leur entourage. Ce qui paraissait le plus grave c'est que les tests étaient ressortis positifs pratiquement à toutes les drogues existantes.

Tous les faits sont dévoilés et les deux anciens étudiants confirment s'être inspirés de la série « Breaking Bad » pour tenter de faire disparaitre le corps. Leur but était de faire croire qu'Eva s'était volatilisée dans la nature, sans laisser de trace. Après les réquisitions de l'avocat général David Senat, les plaidoiries de l'avocat des parents d'Eva qui se sont constitué « partie civile » et celles des accusés, le jury se retire pour délibérer.

Le 21 décembre 2018, le verdict est rendu. Taha Mrani Alaoui, 25 ans, et Zakariya Banouni, 22 ans, sont respectivement condamnés à 30 et 25 ans de réclusion criminelle. Des peines qui prennent en compte l'horreur absolue du crime mais aussi la jeunesse des accusés au moment des faits. L'excuse de la drogue n'a pas été prise en compte dans la décision. Quant à la famille de la victime, la Cour d'assises de Haute-Garonne avait octroyé 80 000 euros à chaque parent d'Eva. Le fonds de garantie des victimes dans un premier temps avait refusé d'indemniser en totalité considérant que la victime avait une part de responsabilité dans ce qu'il lui est arrivé, avant finalement accepté de verser la somme.

Pauline DUBUISSON

Ruth ELLIS

Philippe DE DIEULEVEULT

Dino SCALA

Thierry El BORGI

Philippe SIAUVE

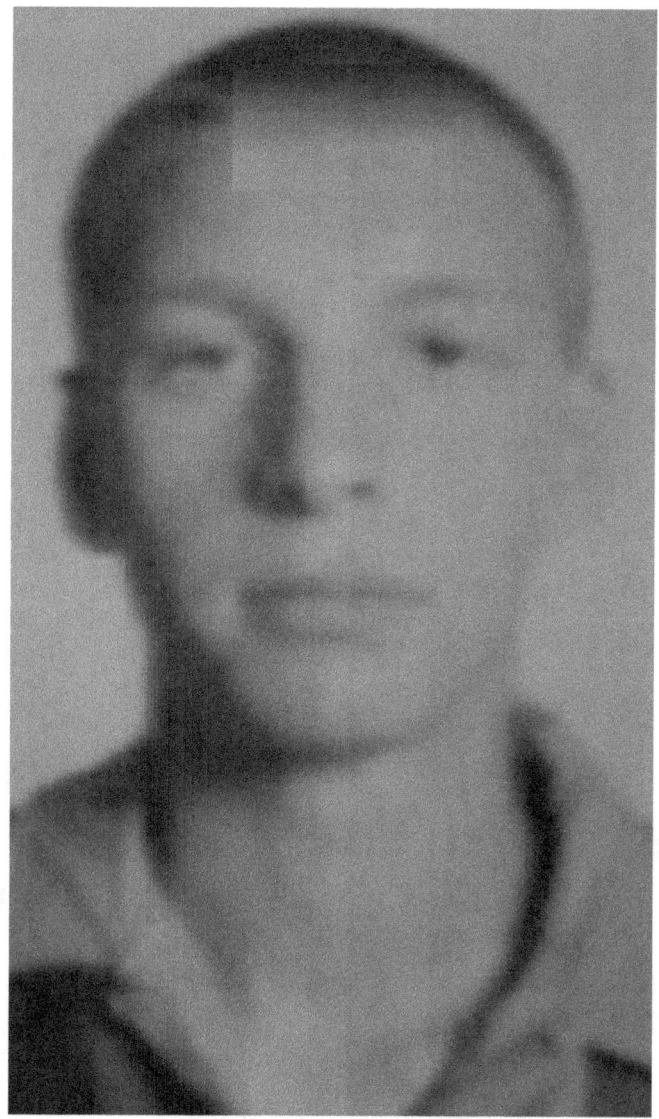

Franck FEUERSTEIN

Thierry JAOUEN

Christophe KHIDER

Antonio FERRARA

Christian IACONO

Alfred PETIT

Xavier PHILIPPE

Gérald THOMASSIN

Sylviane FABRE

Anita VARNEROT

Hervé ROBINO

Pascale ROBINO

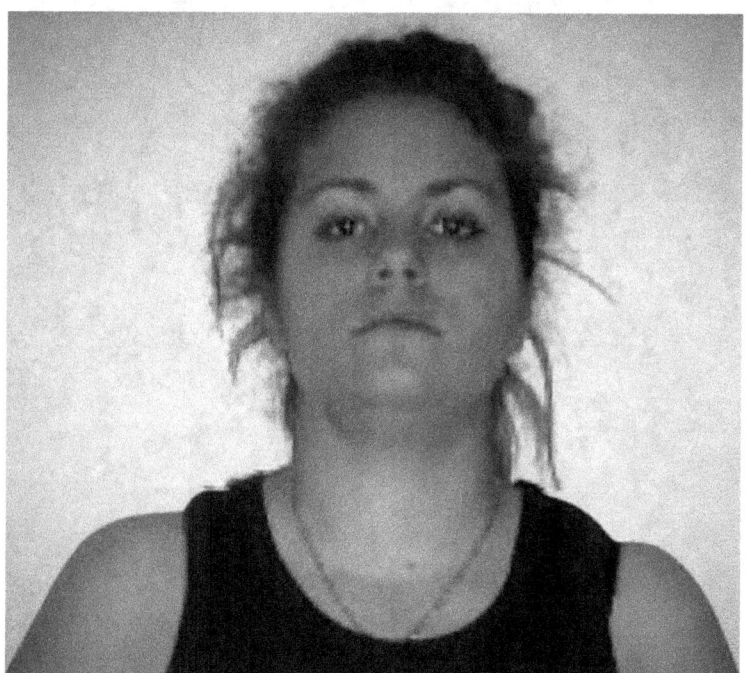

Roxanne ROBINO

Taha MRANI ALAOUI

Zakariya BANOUNI

Les grands criminels 09

Preface   07

1951   Pauline Dubuisson   11
1955   Ruth Ellis   31
1985   Philippe De Dieuleveult   49
1988   Dino Scala   71
1989   Thierry El Borgi Philippe Siauve Franck   91
        Feuerstein & Thierry Jaouen
1995   Christophe Khider   115
1998   Antonio Ferrara   137
2000   Christian Iacono   159
2001   Alfred Petit   171
2005   Xavier Philippe   185
2008   Gérald Thomassin & Mamadou Diallo   207
2011   Sylviane Fabre   219
2014   Anita Varnerot   239
2014   Hervé Robino   257
2015   Taha Mrani Alaoui & Zakariya Banouni   279

<u>Du même auteur :</u>

Aller simple pour l'échafaud
Terrorisme "le pouvoir de l'intimidation"01
Les grands criminels 01
Crimes aux usa 01
La galerie des monstres
Les grands criminels 02
Crimes aux usa 02
Les grands criminels 03
Crimes et cinéma 01
Crimes et cinéma 02
Les grands criminels 04
Terrorisme "le pouvoir de l'intimidation" 02
Crimes en haut de France
Les grands criminels 05
Crimes et cinéma 03
Les grands criminels 06
Les grands criminels 07
Crimes et cinéma 04
Les grands criminels 08
Crimes et cinéma 05
Criminologie débats et réflexions

www.ingramcontent.com/pod-product-compliance
Lightning Source LLC
Chambersburg PA
CBHW070848290526
45795CB00001B/30